トレーニングノートα

古文

はじめに

本書は、高等学校の古文の基礎学力養成を目的とした問題集である。

問題文は、入門期のやさしい文章を中心に選定し、高校用教科書の補助教材として、古文が楽しみながら学習でき、面白い内容に知らず知らずふみ込めるように工夫した。

基礎段階の問題集は、ややもすれば、「問題数は少ないのに、進度が速い」という傾向になりやすい。その上、みるみる間に、むずかしい作品の『源氏物語』や『蜻蛉日記』に入ってしまう。初歩学習者には、わずかな問題練習と、速い学習進度では古文読解の力はつきにくい。そこで本書は、基礎力を養うのに効率が高く、しかも内容のある文章を精選して入れた。本書を十分に活用して古文に必須の知識を、しっかりマスターしてほしい。

本書の特色とねらい

(1) 問題文は、教科書で取り上げられた作品が多く、教科書の傍用として問題を解く力が着実につくように配慮した。

(2) 各問題は見開き二ページで、作品を読んで後の小問に答える形式とした。また、解答はすべて書き込み式にし、別冊の〔解答と解説〕を参照しやすいようにした。

(3) 基本的な設問で、作品読解ができていれば答えられるものが多いので、二〇分を目安として、解答できるように工夫した。

(4) 重要古語は、原則として本文右のページ下にまとめた。

(5) 各設問ごとに配点を示し、五〇点満点とした。

(6) 解答編には、解説の後に「通釈」を入れてあるので、参考にしてください。

目次

道の日記 ―― 笈《おい》の小文

時間 20分　得点　　点　〔　月　日〕

そもそも、道の日記といふものは、紀*氏・長*明・①阿仏《あぶつ》の尼の、②文をふるひ③情を尽してより、余はみな俤《おもかげ》似かよひて、その*糟粕《さうはく》を改むることあたはず。まして④浅智短才《せんちたんさい》の筆に及ぶべくもあらず。その日は雨降り、昼より晴れて、そこに松あり、⑤かしこに何といふ川流れたりなど⑥いふこと、たれたれも言ふべく覚えはべれども、*黄奇蘇新のたぐひにあらずば言ふことなかれ。されども、その所々の風景心に残り、*山館《さんくわん》・野亭《やてい》の苦しき愁《うれひ》も、かつは話の種となり、風雲の便りとも思ひなして、忘れぬ所々後や先やと書き集めはべるぞ、⑦なほ酔へる者の妄語にひとしく、いねる人の譫言《うはごと》するたぐひに見なして、人また妄聴せよ。

〈松尾芭蕉(左)〉

語注

紀氏…紀貫之《きのつらゆき》。

長明…鴨長明《かものちょうめい》。

糟粕…酒のかす。転じてつまらないもののたとえ。

黄奇蘇新…黄山谷《こうさんこく》と蘇東坡《そとうば》の漢詩文がそれぞれ新鮮で奇警だったように、新奇な作品のたとえ。

山館・野亭…へんぴな山の中や野中の宿のこと。

重要古語

□あたふ(あたはず)　□べし

□はべり

問一　傍線部①の人物の作品名を、次から選んで記号で答えなさい。（7点）

ア　土佐日記　　イ　十六夜日記
ウ　更級日記　　エ　蜻蛉日記

問二　傍線部②・⑥・⑦の歴史的かなづかいを現代かなづかいに改めて書きなさい。（各3点）

問三　傍線部③の口語訳として適当なものを、次から選んで記号で答えなさい。（8点）

ア　人の気持ちを巧みに表現して以来
イ　旅情をすべて言い尽くして以来
ウ　地方の様子を細かく伝えて以来
エ　自らの思いを告白して以来

問四　傍線部④は誰のことを指しているか。次から選んで記号で答えなさい。（8点）

ア　酔っ払い　　イ　他の人　　ウ　紀貫之　　エ　筆者

問五　傍線部⑤を単語に分け、それぞれの品詞名を答えなさい。（完答8点）

問六　本文からわかる筆者の気持ちとして適当なものを、次から選んで記号で答えなさい。（10点）

ア　風景や心に残ったことを書く、紀行文に対する嫌悪。
イ　酔っ払いのたわごとのような作品を書いた後悔。
ウ　秀逸な紀行文はあるが、あえて自作を披露する自負。
エ　他の作品を非難し、自分の作品を取り上げる自信。

問一

問二　②　⑦　⑥

問三

問四

問五　かしこに何といふ川流れたり

問六

2 狐の報復 ――宇治拾遺物語

〔　月　日〕 〔　月　日〕

時間 20分　得点　　点

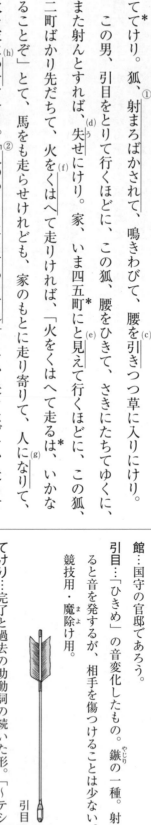

今は昔、*甲斐《かひ》国に、*館《たち》の侍《さぶらひ》なりける者の、夕ぐれに館を出で(a)て、家ざまに行きける道に、狐のあひたりけるを、追ひかけて、*引目《ひきべ》して射(b)ければ、狐の腰に射あて*てけり。狐、①射まろばかされて、鳴きわびて、腰を引き(c)つつ草に入りにけり。

この男、引目をとりて行くほどに、この狐、腰をひきて、さきにたちてゆくに、また射んとすれば、失《う》せ(d)にけり。家、いま四五*町にと見え(e)て行くほどに、この狐、二町ばかり先だちて、火をくはへ(f)て走りければ、「火をくはへて走るは*、いかなることぞ」とて、馬をも走らせけれども、家のもとに走り寄りて、人になり(g)て、火を家につけ(h)てけり。②「人のつくるにこそありけれ」とて、矢をはげて、走らせけれども、つけはてければ、狐になりて、草の中に走り入りて、失せにけり。さて、家焼《や》け(i)にけり。③かかるものも、たちまちに*仇《あだ》をむくふなり。これを聞きて、かやうのものをば、*かまへて④調《てう》ず(j)まじきなり。

語注

甲斐国…旧国名。今の山梨県。甲州とも。

館…国守の官邸であろう。

引目…「ひきめ」の音変化したもの。鏃《やじり》の一種。射ると音を発するが、相手を傷つけることは少ない。競技用・魔除《まよ》け用。

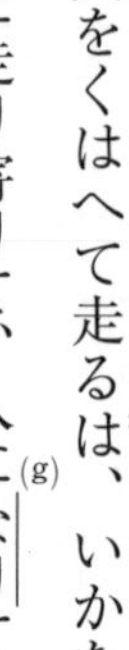

引目

てけり…完了と過去の助動詞の続いた形。「〜テシマッタ」の意。

町…「町《ちょう》」は距離の単位。一町は約一〇九メートル。

は…感動・詠嘆の意の終助詞。「〜ワイ」

仇をむくふ…報復する。

かまへて…決して。心にかけて。用意して。

重要古語

□わぶ　□さて　□仇　□調ず　□失す　□かかる　□かまへて

問一　傍線部(a)~(e)の動詞の活用表をつくりなさい。（完答各2点）

問二　傍線部(f)~(j)の動詞の活用の種類と、ここに用いられている活用形を書きなさい。（完答各2点）

問三　傍線部①「射まろばかされて」とはどういう状態か、簡単に説明しなさい。（7点）

問四　傍線部②「人のつくるにこそありけれ」とは、この侍のどんな気持ちから出たことばか、次から選んで記号で答えなさい。（7点）

ア　誰であろうか、見届けたい気持ち。
イ　今の今まで狐とばかり思っていたのにという気持ち。
ウ　なぜ人がわが家に火をつけるのかという気持ち。
エ　狐はどうしたのだろうかという気持ち。

問五　傍線部③「かかるもの」とはどういうものを言っているのか、わかりやすく説明しなさい。（8点）

問六　傍線部④「調ずまじきなり」とはどういうことか、その意味を述べなさい。（8点）

問一

動詞	語幹	未然形	連用形	終止形	連体形	已然形	命令形
(a)出で	出《い》						
(b)射	○						
(c)引き	引《ひ》						
(d)失せ	失《う》						
(e)見え	見《み》						

問二

(f)くはへ	行　活用	形
(g)なり	行　活用	形
(h)つけ	行　活用	形
(i)焼け	行　活用	形
(j)調ず	行　活用	形

問三

問四

問五

問六

3 聖《ひじり》の行なひ —— 閑《かん》居《きょの》友《とも》

時間 20分　得点　点　（　月　日）

昔、比叡《ひゑ》の山に、なにがしとかやいひける人のもとに、使はれける＊中間僧《ちうげん》ありけり。主《しう》のために一事《ひと》も違《たが》ふ振舞ひなし。いみじく真心にて、いとほしき者にぞ思はれたりける。

かかるほどに、年ごろ経て後、夕暮れには必ず失せて、①つとめて疾《と》く出で来る事をしけり。主もいみじくにくき事に思ひて、「＊坂本に行き下るにこそ〔②〕」など思ひけり。帰りたる時も、うちしめりて、人にはかばかしく面《おもて》など会はする事もなし。常には涙ぐみてのみ見えければ、「行きかふ所の事を飽き足らず思ひて、③かかるにこそ」とぞ、ゆるぎなく主も人も思ひ定めける。

さて、ある時、人を付けて見せければ、西坂本を下りて、＊蓮台野《れんだいの》にぞ行きにける。この使、「あやしく。何わざぞ」と見ければ、あちこち分け過ぎて、いひ知らずいまいましく＊爛《みだ》れたる死人のそばに居《ゐ》て、目を閉ぢ、目を開きして、たびたびかやうにしつつ、声も惜しまずぞ泣きける。夜もすがら④かやうにして、＊鐘も打つほどになりぬれば、涙押し拭《のご》ひてなむ帰りける。この使、思はずに悲しく覚えて、思ふらむ心のほどは知らねども、涙を流す事限りなし。

さて、帰り来ぬ。「いかに」と尋ぬれば、その事に侍《はべ》り。この人、あやしく露深くしほれけるは、理《ことわり》にぞ⑤侍るべき。かうかうの事侍りて、はや失せけるなるべし。いみじき聖《ひじり》の行なひを、みだりにあやしのさまに思ひ汚《けが》しける罪のほども逃れがたく、悲しくてと言ひけり。あるじ驚きて、その後はいみじき敬ひを致して、さらに常の人に振舞ひくらべず。

語注

中間僧…雑用をする地位の低い僧のこと。
坂本…比叡《ひえい》山東側にある地名。僧たちがひそかに遊ぶ所。
蓮台野…墓地として有名な場所。
爛れたる…腐爛《ふらん》した。
鐘…寅《とら》の刻（午前四時）を知らせる鐘。

重要古語

□いみじ　□かかる
□つとめて　□あやし
□さらに～ず（打消）

問一　傍線部①の口語訳として適当なものを、次から選んで記号で答えなさい。（8点）

ア　努力して早く出る　　イ　翌朝早くに出る

ウ　なるべく早く現れる　　エ　なんとか出る

問二　空欄②に入るものを、次から選んで記号で答えなさい。（8点）

ア　あめり　　イ　あめれ　　ウ　あめる

問三　傍線部③の内容として適当なものを、次から選んで記号で答えなさい。（8点）

ア　人と顔をあわせないこと

イ　主人に背いたこと

ウ　坂本に遊びに行っていたこと

エ　いつも涙ぐんでいたこと

問四　傍線部④にあてはまる一文を抜き出し、最初と最後の三字を書きなさい。（句読点を含む）（完答9点）

問五　傍線部⑤は誰から誰への敬意を表すか。適当なものを、次から選んで記号で答えなさい。（8点）

ア　使から主　　イ　中間僧から主

ウ　使から読者　　エ　使から中間僧

問六　使の会話文として適当な部分を本文から抜き出し、最初と最後の三字を書きなさい。（完答9点）

問一 □

問二 □

問三 □

問四 □□□ 〜 □□□

問五 □

問六 □□□ 〜 □□□

4 樹上の仏 ——宇治拾遺物語

時間 20分　得点　点　（　月　日）

昔、*延喜《えんぎ》の御門《みかど》の御時、*五条の天神のあたりに、大きなる柿の木の、実ならぬあり。その木のうへに、仏あらはれておはします。京中の人、こぞりて参りけり。(A)馬、車もたてあへず、人もせきあへず、おがみの①ののしりけり。

かくするほどに、五六日あるに、*右大臣殿、心得ずおぼし給ひける間、まことの仏の、*末の世に出《い》で給ふべきにあらず。我、行《ゆ》きて試みんとおぼして、*(B)日の装《さう》束《ぞく》うるはしくして、*檳榔《びらう》の車にのりて、*御後前《おんしりさき》多く具して、集まりつどひたるものどものけさせて、*車かけはづして、*榻《しぢ》をたてて、梢《こずゑ》を、②めもたたかず、*あからめもせずして、③まもりて、④一時《ひととき》ばかりおはするに、この仏、しばしこそ、花もふらせ、光をもはなち給ひけれ、あまりにあまりまもられて、*しわびて、大きなるくそとびの、羽をれたる、土におちて、⑤まどひふためくを、童どもよりて、打ち殺してけり。大臣は、*さればこそとて、帰り給ひぬ。

さて、時の人、この大臣を、いみじくかしこき人にておはしますとぞ、⑥ののしりける。

語注

延喜…第六十代醍醐《だいご》天皇。
五条…京都市下京区天神前町にある神社。
右大臣殿…源光。仁明《にんみょう》天皇の第十一皇子。
末の世…末世。
日の装束…昼間の盛装。中古以来、天皇・皇族以下文武百官が、朝廷の公事・節会《せちえ》に着用した。
檳榔…牛車の一種。上皇・親王・公卿《くぎょう》などの用。
御後前…車の前後に従う供の者。
車かけはづして…車から牛をはずして。
榻…車の轅《ながえ》を乗せる台。乗降の踏台にもした。
あからめもせず…わき見もせずに。
しわびて…どうにもならなくなって。
さればこそ…それみたことか。やっぱり思ったとおりだ。

重要古語

□参る　□具す　□まどふ　□ののしる　□まもる　□さればこそ

問一　傍線部①と⑥の「ののしり」は異なった意味に用いられている。それぞれの意味に適した訳を、次から選んで記号で答えなさい。（各6点）

ア　大声を出す　イ　威勢がいい　ウ　声高く言いさわぐ
エ　盛んにうわさをする　オ　ねたんで悪くいう

問二　傍線部②③⑤はそれぞれどういう動作・状態をいっているのか、簡潔に説明しなさい。（各5点）

問三　傍線部(A)「馬、車もたてあへず、人もせきあへず」というのはどんな状況であるのか、二十五字以内で説明しなさい。（10点）

問四　傍線部(B)「日の装束うるはしくして……具して」という心づかいは、右大臣がかなり大げさに振舞ったことを表しているが、その理由としてもっとも適当なものを、次から選んで記号で答えなさい。（8点）

ア　右大臣として外出する時の当然の形式であるから。
イ　自分の威厳によって偽仏を圧倒し、その正体をあばいてやろうと思ったから。
ウ　出現するという仏に、ひとまず敬意を表そうと思ったから。
エ　群集に対して威厳を示そうと思ったから。

問五　傍線部④の「一時」とは、今のどれくらいの時間にあたるか答えなさい。（5点）

問一

①	⑥

問二

②	③	⑤

問三

問四

問五　約　　時間

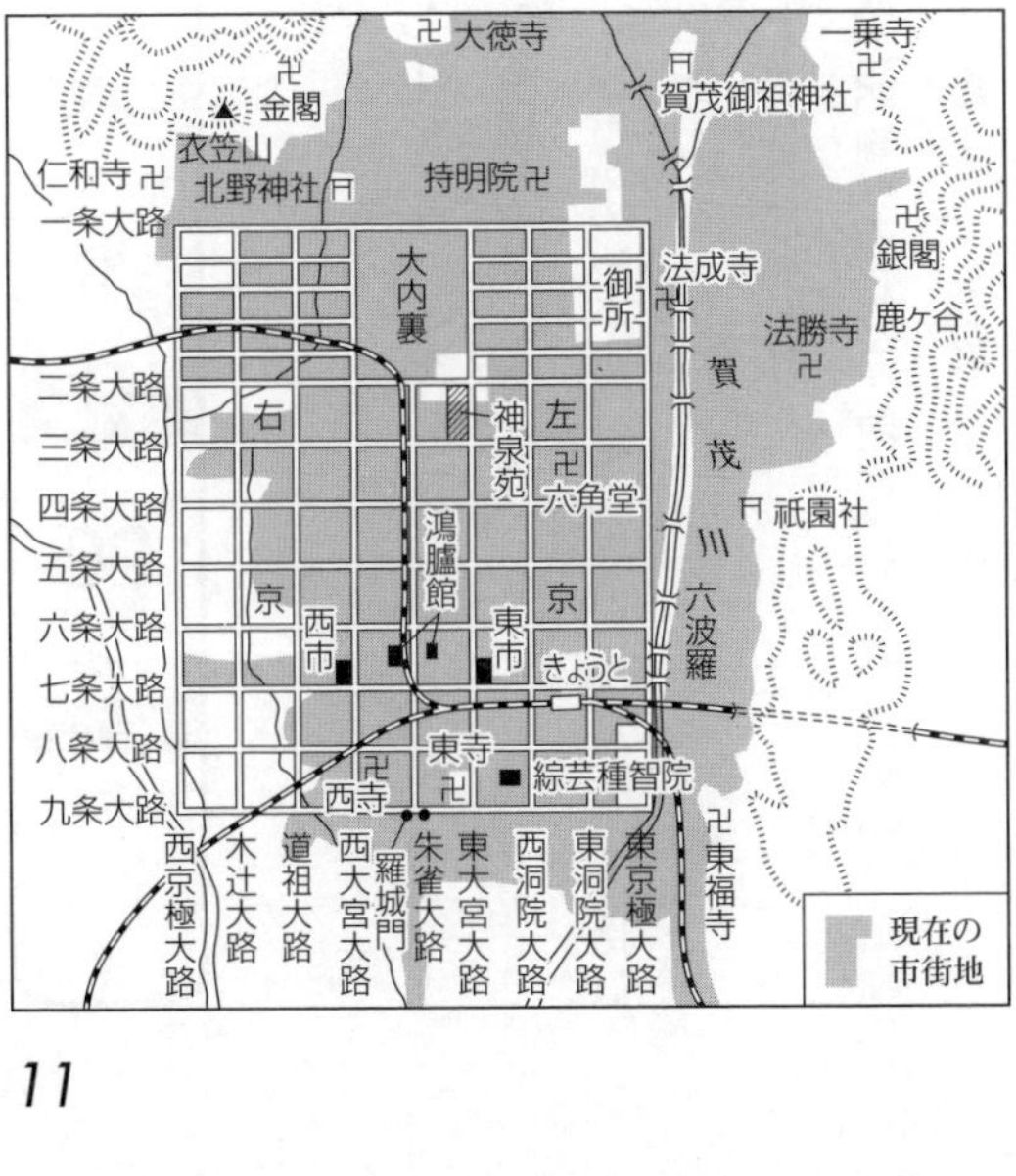

5 内記入道寂心のこと ―― 発心集

時間	得点
20分	点

〔　月　日〕

村上*の御代に、内記入道寂心*といふ人ありけり。そのかみ、宮仕へける時より、心に仏道を望み願うて、事にふれてあはれみ深くなむありけり。

……（中略）……

年たけて後、①頭《かしら》おろして、横川*《よかは》に上り、法文《ほふもん》習ひけるに、増賀*《ぞうが》上人いまだ横川に住み給ひけるほどに、これを教ふとて、「止観*の明静《みやうじやう》なること、前代いまだ聞かず」と読まるるに、この入道ただ泣きに泣く。聖《ひじり》、②「さる心にて、かくやはいつしか泣くべき。あな、愛敬《あいぎやう》なの僧の道心や」とて、こぶしをにぎりて、打ち給ひ[ⓐ]ば、「我も人もこそ*」と罷《まか》りて立ちにけり。ほどへて、「さてしもやは侍るべき。この文うけたてまつらむ」と言ふ。③さらばと思ふて、読まるるに、前《さき》のごとく（④）。また、はしたなくさいなまるるほどに、後の詞《ことば》も聞かで止みに[ⓑ]。日ごろ経て、なほこりず、また御気色とりて、恐れ恐れうけ申しけるにも、ただ同じやうに、いとど泣きける時、その聖も涙をこぼして、まことに深き御法《みのり》の尊く覚ゆるにこそとあはれがりて、静かに授けられ[ⓒ]。

〈鴨　長明〉

語注

村上…村上天皇のこと。

内記入道寂心…慶滋保胤《よししげのやすたね》のこと。

横川…天台宗の総本山、延暦寺《えんりやくじ》の三塔の一つ。比叡《ひえい》山《ざん》北部にある。

増賀上人…天台宗の僧。

「止観の明静なること、前代いまだ聞かず。」…『摩《ま》訶《か》止《し》観《かん》』という仏教書の冒頭。

「我も人もこそ」…殴る私も私だが、泣くお前もお前だ、という意味。

重要古語

□いつしか　□罷る
□さて　□侍り
□たてまつる　□いとど
□覚ゆ

問一　傍線部①とはどういうことか。説明しなさい。（9点）

問二　傍線部②の解釈として適当なものを、次から選んで記号で答えなさい。（8点）

ア　習い始めなのに、もう泣くとはすばらしい。
イ　講義で聞いていないのに、なぜ泣くのだろう。
ウ　初めの修行中なのに、泣くなどありえない。
エ　習い始めて間もないのに、感動して泣くのは早すぎる。

問三　傍線部③の主語を、次から選んで記号で答えなさい。（8点）

ア　村上天皇　イ　内記入道　ウ　増賀上人

問四　空欄④にあてはまる言葉を文中から三字以内で抜き出して書きなさい。（8点）

問五　空欄ⓐ～ⓒにあてはまる助動詞を、次から選んで記号で答えなさい。ただし、同じものを二回使う場合があります。（各3点）

ア　けり　イ　ける　ウ　けれ

問六　文中にかぎ括弧をつけるのにふさわしい部分をさがし、最初と最後の三字を本文から抜き出して書きなさい。（句読点は含まない）（完答8点）

問一

問二

問三

問四

問五　ⓐ　ⓑ　ⓒ

問六　～

6 闇に消えた女 ——今昔物語集

時間 20分　得点　点　〔　月　日〕

今は昔、小松の天皇＊の御代に、武徳殿＊の松原を、若き女三人打群《うちむ》れて、内様《うちざま》＊へ行《ゆ》きけり。八月十七日の夜の事なれば(a)、(A)月極めて明し。

しかる間、松の木の本に男一人出《い》で来たり。この過ぐる女の中に一人を引《ひか》へて、松の木の木蔭《こかげ》にて、女の手を捕へて物語しけり。今二人の女は、(B)「今や物いひをはりて来《きた》る」と待ち立てりけるに＊、やや久しく見えず。物いふ声もせざりければ(b)「いかなる事ぞ」と(C)怪《あや》しく思ひて、二人の女寄りて見るに、女も男もなし。「これはいづくへ行きにけるぞ」と思ひて、よく見れば(c)、ただ女の足手ばかり離れてあり。二人の女これを見て、驚き走り逃げて、衛門の陣《ぢん》＊に寄りて、陣の人にこの由を告げければ(d)、陣の人ども驚きて、その所に行きて見ければ(e)、①おほよそ骸《しかばね》散りたることなくして、ただ足手のみ残りたり。その時に人集まり来りて見(D)ののしること限りなし。「これは鬼②の、人の形となりてこの女を噉《くら》ひてけるなり」とぞ人いひける。

しかれば、女、③さやうに人離れたらむ所にて、(E)知らざらむ男の呼ばはむをば、(F)広量して行くまじきなりけり。ゆめゆめ＊怖《おそ》るべきことなりとなむ語り伝へたるとや。

語注

小松の天皇…第五十八代光孝天皇。
武徳殿…宮城内、右近衛府の東にあり、宴の松原を間において、内裏と対している。
内様へ…内裏の方へ。
待ち立てりけるに…立ちどまって待っていたが。
衛門の陣…衛門府の詰所。
ゆめゆめ…つとめて。心して。

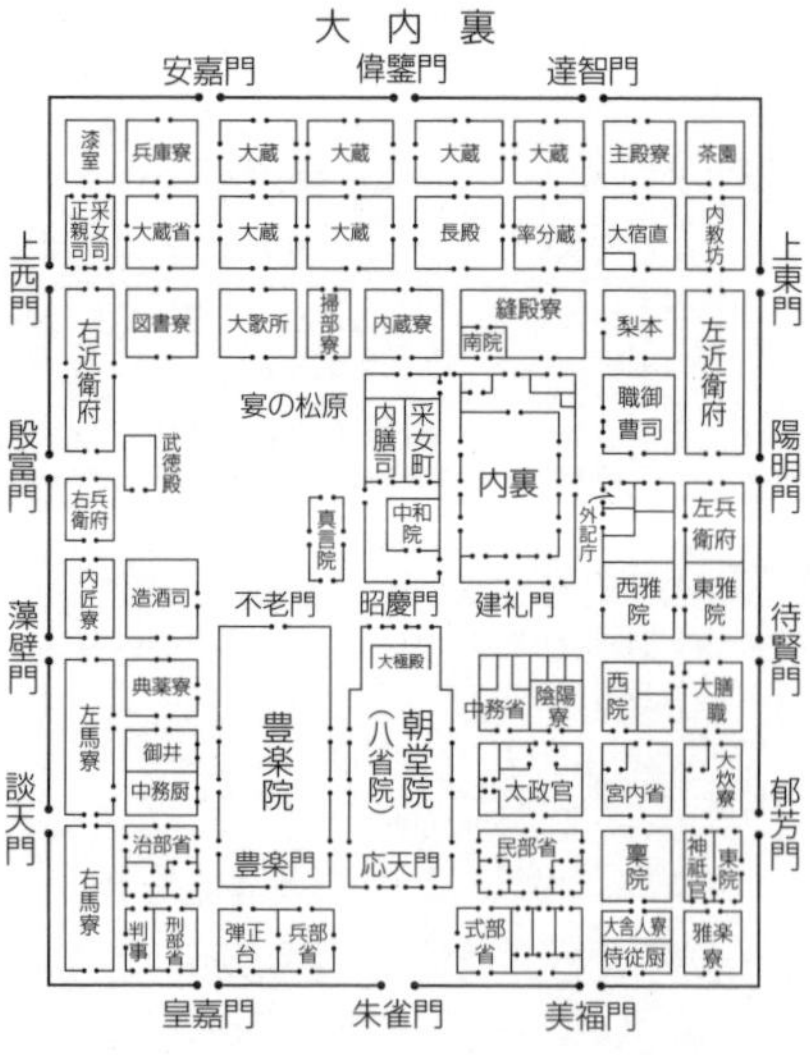

重要古語

□おほよそ　□ののしる
□しかれば　□ゆめゆめ

問一　傍線部(A)で「月がきわめて明るい」というのはなぜか、説明しなさい。（6点）

問二　傍線部(B)を、原文に忠実に口語訳しなさい。（6点）

問三　傍線部(C)～(F)の意味として正しいものを、次から選んで記号で答えなさい。（各4点）

(C)
ア　いつもとちがうと
イ　変だと
ウ　訳がわからないと
エ　いやしいと

(D)
ア　やかましく評判する
イ　大声でどなる
ウ　悪口をいう
エ　やかましく騒ぎたてる

(E)
ア　知っている男
イ　知らないような男
ウ　見知らない若者
エ　親しくない男

(F)
ア　ゆったりとした気持ちで
イ　うっかりして
ウ　度量を広くもって
エ　人の口車に乗って

問四　傍線部①～③はそれぞれ直接にはどの文節に係るか、抜き出しなさい。（各4点）

問五　「已然形＋ば」には、(1)「～ノデ」「～カラ」、(2)「～スルト」「～シタトコロ」などの訳があてはまる。二重傍線部(a)～(e)はそれぞれどちらになるか、(1)・(2)の記号で答えなさい。（各2点）

問一

問二

問三

(C)	(D)	(E)	(F)

問四

①	②	③

問五

(a)	(b)	(c)	(d)	(e)

7 毒竜巌消滅 ―― 宇治拾遺物語

時間 20分　得点　　点　（　月　日）

今は昔、静観《じやうくわん》僧正は、*西塔《さいたふ》の千手院といふ所に住み給へり。その所は、南むきにて、*大嶽《おほたけ》をまもる所にてありけり。大嶽の乾《いぬゐ》(A)の方の*そひに、①おほきなる巌《いはほ》あり。その岩のあり様、竜の口をあきたるに似たりけり。その岩のすぢに向ひて住みける僧ども、②命もろくしておほく死にけり。しばらくは、いかにして死ぬやらん(a)と、心も得ざりけるほどに、この岩のあるゆゑぞ(b)といひたちにけり。この岩を、毒竜の巌とぞ名づけたりける。これによりて、西塔のあり様、ただ荒れに荒れのみまさりけり。この千手院にも、人多く死にければ、住みわづらひけり。

この巌を見るに、まことに竜の大口をあきたるに似たり。人のいふ事は、げにもさありけり(c)と僧正思ひ給ひて、この岩のかたに向きて、七日七夜*加持《かぢ》し給ひければ、七日といふ夜中ばかりに、空くもり、震動すること③おびたたし。大嶽に黒雲かかりて、見えず。しばらくありて、(B)空晴れぬ。夜明けて、大嶽を見れば、毒竜巌くだけて散り失せにけり。それより後、西塔に人住みけれども、たたりな④かりけり。

西塔の僧どもは、*件《くだん》の座主《ざす》をぞ、いまにいたるまで、貴《たふと》みをがみけるとぞ語りつたへたる。不思議の事なり。

語注

西塔…比叡《ひえい》山の三塔の一つ。千手院は西塔から園城《おんじやう》寺に移ったという。今はない。
大嶽…比叡山の主峰。
そひ…かたわら。
加持…真言密教で行う祈禱《きとう》。
件の座主…大寺院の管主。ここは天台座主。比叡山延暦寺の首座で、一山を統轄する。「件の」は、前述の。

重要古語

□まもる
□わづらふ
□いかに
□さ

問一 傍線部(A)「乾」というのはどの方角か、また「東・西・南・北」はそれぞれ十二支では何というか、答えなさい。（仮名でよい）（各2点）

問二 傍線部(B)「空晴れぬ」の意味として適当なものを、次から選んで記号で答えなさい。（6点）

ア 空が晴れない。　**イ** 空が晴れてきた。

ウ 空が晴れそうになった。

エ 空が晴れそうになかった。

問三 傍線部①～④の形容詞・形容動詞の活用形を書きなさい。（各2点）

問四 傍線部(a)～(c)の「と」がうける会話・心話（心中の考え）の部分を、それぞれ最初の三字で示しなさい。（各6点）

問五 「人がたくさん死んだのは毒竜の巖のせいであった」と人々が信じたのは、どういう根拠によるのか、簡単に説明しなさい。（8点）

十二支と方位

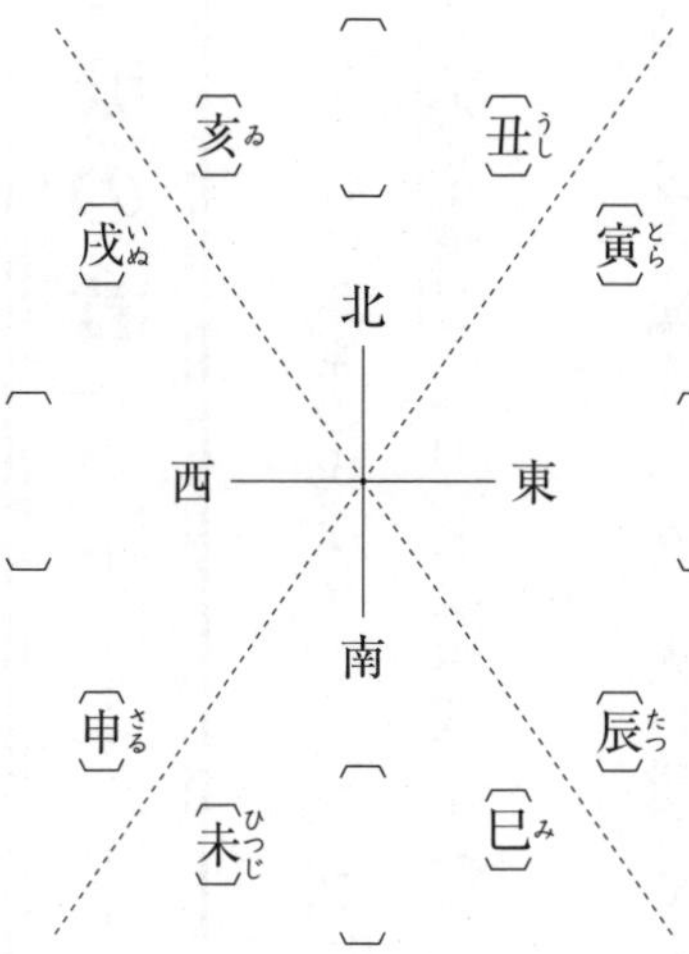

問一　乾＝［　　］の方角
東＝［　　］　西＝［　　］　南＝［　　］　北＝［　　］

問二　［　　］

問三

①	②	③	④
形	形	形	形

問四

(a)	(b)	(c)

問五　［　　］

8 近づく楽の音 ―― 今昔物語集

時間 20分　得点　　点　〔　月　日〕

今は昔、一人の女有りけり。姓《しやう》は藤原の氏《うぢ》なり。この女(a)もとより心柔軟《にうなん》*にして慈悲ありけり。(b)常に①極楽に心を懸けて、日夜に念仏を唱へて、怠《おこた》ることなかりけり。

しかる間《あひだ》、(c)やうやく年積りて老に臨みて、女、人に語りていはく、「我《われ》、(d)年ごろ、『極楽に生れむ』と願ひて、昼夜に念仏を唱へつるに、今、遙《はる》かに(e)めでたき音楽の音《こゑ》を聞く。これ往生すべき相*か」と。人この事を聞きて、貴び思ふ間、その明くる年、またいはく、「去年《こぞ》聞きし音楽の音、今少し近づきにたり。これ往生の期《ご》の近づく故か」と。また、その明くる年いはく、「前《さき》の音楽の音、年を追ひて近づく。*(f)就中《なかむづく》に、近日《このごろ》、寝屋《ねや》の上に聞ゆ。今、往生の時至れり」といひて、(g)いよいよ念仏を唱へて怠る事なし。しかる間、女、身に病なく、苦しぶ所なくして終り貴くして失せにけり。これを見聞く人、「この女、必ず極楽に往生しぬ*」と知りて、②悲しび貴びけり。

これを思ふに、往生すべき人は、*(h)兼ねてその相現《げん》ずる事なりけりとなむ語り伝へたるとや。

語注

柔軟…柔和で温情があること。
相…瑞相《ずいさう》。前兆。前知らせ。
就中に…とりわけて。特に。
ぬ…「ぬ」は「ぬべし」（きっと～だろう）の意。「ぬ」は、完了の助動詞で強意的表現。
兼ねて…先に。あらかじめ。前もって。

重要古語

□怠る　□やうやく
□年ごろ　□めでたし
□こぞ　□悲しぶ

問一　傍線部(a)(d)(e)の意味を答えなさい。（各3点）

問二　傍線部(b)(c)(d)(f)(g)(h)はどの部分を修飾しているか、それぞれ文節の形で答えなさい。（各3点）

問三　傍線部①「極楽に心を懸けて」をわかりやすく口語に改めなさい。（5点）

問四　女の耳に聞こえてくる音楽の音は、年を経るにつれて距離的に変化している。どのように変化したのか、文中の語で順に、それぞれ一〇字以内で記しなさい。（四段階にすること）（各3点）

問五　傍線部②「悲しび」の内容として最も適当なものを、次から選んで記号で答えなさい。（6点）

ア　その死を悼《いた》み、別れを惜しみ悲しむ気持ち。
イ　その死に方が尊くて感動する気持ち。
ウ　その死に方に世のはかなさを嘆く気持ち。
エ　その死に方に羨《うらや》しさを感じる気持ち。

問一

(a)	(d)	(e)

問二

(b)	(f)
(c)	(g)
(d)	(h)

問三

問四

①	②	③	④

問五

9 あわれみ無用

発心集

時間 20分　得点　　点

（　月　日）

ある聖《ひじり》、船に乗りて*近江《あふみ》の湖《うみ》をすぎけるほどに、網船《あみぶね》に大きなる鯉《こひ》をとりて、もて行きけるが、いまだ生きてふためきけるを①あはれみて、(A)着たりける*小袖《こそで》をぬぎて、買ひとりて放ちけり。

いみじき*(B)功徳《くどく》つくりつと思ふほどに、その夜の夢に、*白狩衣《かりぎぬ》着たる翁《おきな》ひとり、われを尋ねて来たり、いみじう恨みたる気色《けしき》なるを*、②あやしくて問ひければ、「われは、昼、網にひかれて命終らんとしつる鯉なり。(C)聖の御しわざの③口惜しく侍れば、④その事申さむとてなり」といふ。聖いふやう、「*この事こそ心得ね。悦《よろこ》びこそ⑤いはるべきに、*あまさへ、⑥恨みらるらむ、いと、(D)あたらぬ事なり」といふ。

翁いはく、「しか侍り。されど、われ、(E)鱗《うろくづ》の身をうけて、*得脱《とくだつ》の期《ご》を知らず。この湖の底にて、多くの年をつめり。しかるを、*またまた*賀茂の*供祭《くさい》に⑦なりて、それを縁《えん》として*苦患《くげん》をまぬかれなんと仕《つかうまつ》りつるを、⑧さかしき事をし給ひて、また、*畜生の業《ごふ》を⑨延べ給へるなり」といふとなむ、見たりける。

語注

近江の湖…琵琶《びわ》湖をさす。

小袖…袖の小さなふだん着。

功徳…現在または未来に幸せを招くよい行い。

白狩衣…衣服の名。白い狩衣。神事・祭時に用いた。

を…「を」は接続助詞で「〜ノデ」と訳す。

この事こそ心得ね…そなたのいうことは、全く理解できない。

あまさへ…あまつさえ。それどころか。

得脱の期…生死の苦界を脱して悟りを得る時期。

またまた…寛文本には「たまたま」とあり、この方が文意に合う。

賀茂…賀茂神社。上社と下社がある。

供祭…神仏に供えるもの。

苦患…(死後に受けねばならない)苦しみ。

畜生の業を延べ給へるなり…自分が畜生でいなければならないという業を長引かせてくださったのです。

重要古語

□口惜し　□はべり

問一　傍線部②③⑧をわかりやすい口語に改めなさい。（各4点）

問二　傍線部①④⑤⑥⑦⑨の主語を、次の**ア**・**イ**から選んで記号で答えなさい。（各2点）

ア　聖　　**イ**　翁（鯉の化身）

問三　傍線部Ⓐは、何のためにしたことか、「～ため。」で終わる一文の形で答えなさい。（6点）

問四　傍線部Ⓑの「功徳」とは、具体的にはどういうことをいっているか、説明しなさい。（5点）

問五　傍線部Ⓒ「聖の御しわざ」とは何か、具体的に説明しなさい。（5点）

問六　傍線部Ⓓ「あたらぬ事」とは、何があたっていないというのか、わかりやすく説明しなさい。（5点）

問七　傍線部Ⓔはどういうことをいっているのか、簡単に答えなさい。（5点）

問一

②	⑧
③	

問二

①	
④	
⑤	
⑥	
⑦	
⑨	

問三

ため。

問四

問五

問六

問七

10 行成の忍耐 ――十訓抄

時間 20分　得点　点　（　月　日）

*大納言行成卿《ゆきなりきやう》(a)、いまだ殿上人(b)にておはしける時、*実方《さねかた》中将、いかなる憤《いきどほ》りかありけん、殿上に参り会ひて、いふ事もなく、行成の冠《かうむり》を打ち落して、小庭に投げ捨てけり。行成少しも騒がずして、*主殿司《とのもりづかさ》を①召して、「冠取りて参れ」とて、冠して、守刀《まもりがたな》より*かうがい抜き取りて、*鬢《びん》かいつくろひて、②ゐなほりて、「いかなることにて候ふやらん、たちまちにかうほどの*③乱罰にあづかるべきことこそ覚え侍らね。その故を(c)承りてのちのことにや侍るべからん」と、④ことうるはしういはれけり。実方は、⑤しらけて逃げにけり。

折しも主上、*半蔀《はじとみ》より御覧じて、「行成は(A)いみじき者なり。かく*(B)おとなしき心あらんとこそ思はざりしか」とて、そのたび*(d)蔵人頭空きたりけるに、多くの人を越えてなされにけり。実方をば、中将を⑥ば召して、「*(C)歌枕見て参れ」とて、*(e)陸奥国の守になしてぞつかはされける。⑦やがてかしこにて失せにけり。実方、蔵人頭になられでやみにけるを恨みにて、*執とまりて雀と成りて、殿上の*小台盤《こだいばん》にゐて、*台盤を食ひけるよし人いひけり。一人は不忍《ふにん》によりて前途を失ひ、一人は忍を信ずるによりて、褒美にあへるたとへなり。

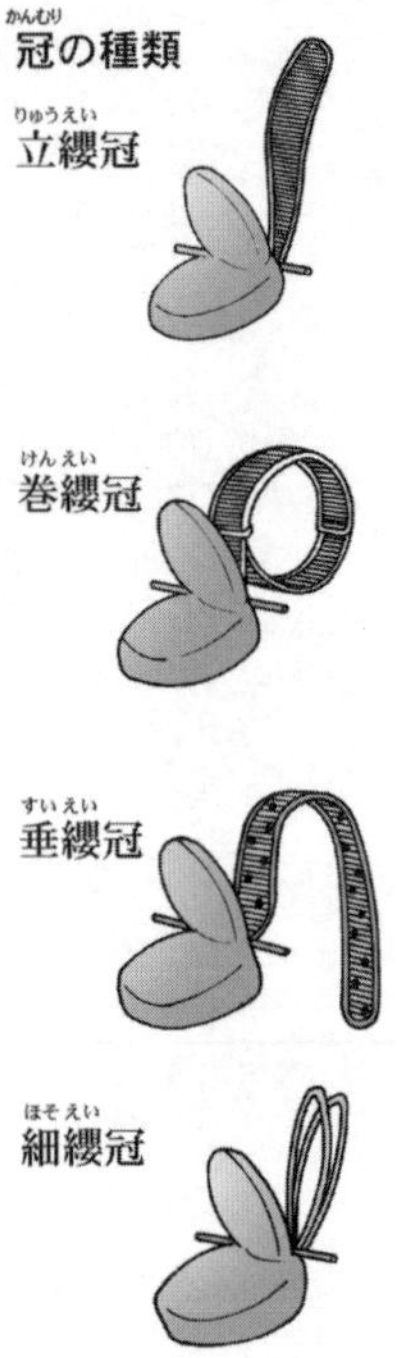

語注

大納言行成卿…藤原行成卿。和歌と書にすぐれていた。
実方中将…左近衛中将。名高い歌人。
主殿司…後宮の役人。掃除・照明・燃料・湯浴みなどを司《つかさど》った。
かうがい…男女とも毛髪を整えるのに用いた具。
鬢…頭の左右両側の髪。
乱罰…乱暴な罰。
半蔀…清涼殿の殿上の間と昼御座《ひのおまし》の間の小窓。
おとなしき心…老成した心。大人びた心。
蔵人頭…蔵人所の貫首。
歌枕…歌によくよまれる諸国の名所。
陸奥国…旧国名。今の福島・宮城・岩手・青森県。
執…執念。未練。
小台盤…食器をのせる具。
台盤…ここは台盤の上の料理をいう。

重要古語

□うけたまはる　□おとなし
□つかはす　□やがて

問一　傍線部(a)～(e)の読み方を、現代かなづかいで書きなさい。(各2点)

問二　傍線部①と⑥の「召す」はちがった意味に用いられている。そのちがいがわかるように、それぞれを終止形の形で口語に改めなさい。(各4点)

問三　傍線部②③④⑤⑦をわかりやすい口語に改めなさい。(各3点)

問四　傍線部(A)の「いみじき」は「程度がはなはだしい」「なみひととおりでない」という意味で、その下に「いみじく『どんな』のか」を補わなければその意味がはっきりしないことが多い。では、ここは次のうちのいずれを補えばよいか、記号で答えなさい。(6点)

ア　やさしい　　イ　思いやりの心　　ウ　立派な

エ　おとなしい

問五　傍線部(B)「おとなしき心」とは、行成のどういう点について評したものか、簡明に答えなさい。(6点)

問六　傍線部(C)「歌枕見て参れ」には、帝のどのような気持ちがこめられているか、次から適当なものを選び記号で答えなさい。(5点)

ア　実方に歌人にふさわしい地に旅をさせてやろう。

イ　実方にふさわしい、歌枕の多い地に転勤させてやろう。

ウ　左遷するが、せめて歌枕の多い地にしてやろう。

エ　少し苦労させれば、乱暴な性質もなおるだろう。

問一

(a)	(b)	(c)	(d)	(e)

問二

①	⑥

問三

②	③	④	⑤	⑦

問四

問五

問六

11 保昌の炯《けい》眼《がん》 ――十訓抄

時間 20分　得点　　点　（　月　日）

*丹後守保昌《やすまさ》、任国に*下向《げかう》のとき、*よさの山にて、①白髪の武士一騎あひたりけり。②木の下にうち入りて、笠をかたぶけて立ちたりけるを、*国司の郎等《らうどう》いはく、「この老翁、何ぞ下馬せざる。奇怪なり。とがめおろすべし」といふ。ここに国司のいはく、「*一人当千《いちにんたうぜん》の馬の立てやうなり。③ただものにあらず。とがむべからず」と制止して、うち過ぎける間、三町ばかりさがりて、*大矢左衛門尉致経《じやうむねつね》、数多《あまた》の*従類を具してあひたり。④弓取りなほして、国司に会釈《ゑしやく》の間、致経いはく、「*ここに老翁や一人あひ奉りて候ひつらん。あれは愚父平五大夫にて候ふ。*堅固《けんご》の田舎人にて子細をしらず、さだめて、⑤無礼をあらはし候ひつらん」といひけり。致経過ぎて後、国司「さればこそ致頼《むねより》にはありけれ」といひけり。この*党は、頼信・保昌・維衡《これひら》・致頼とて、世に勝《すぐ》れたる四人の武士なり。⑥両虎たたかふときは、⑦ともに死せずといふことなし。保昌⑧かれが振舞を見知りて、さらにあなづらず、郎等を⑨いさめて*無為なりけるは、いみじき高名なり。

語注

丹後守保昌…藤原保昌。致忠の子。諸国の国司を歴任。丹後の国もその一つ。
下向…都から地方へ行くこと。
よさの山…丹後国与謝《よさ》郡の山。
国司…令制の地方官。諸国を統轄する長官。
一人当千…一人で千人に当たる力を持つ者。
大矢左衛門尉致経…平致頼の子。
従類…一族と家来。従者。
ここに…ここで。
堅固…まるで。まったく。
党…致頼を中心とする武士集団。
無為なりけるは…何事もなかったのは。

重要古語

□とがむ　□具す
□あふ　□奉る
□候ふ　□堅固
□あなづる　□いみじ

問一　傍線部①「白髪の武士」と同一人物を指す別の呼び方を五つ、文中から抜き出して答えなさい。（各2点）

問二　傍線部②「木の下にうち入りて、笠をかたぶけて」という老翁の行為には、どんな気持ちがうかがえるか、次から適当なものを選んで記号で答えなさい。（5点）

ア　国司の一行を無視していることを、態度で示そうという気持ち。

イ　国司の一行と正面から会えば、面倒が起きるかも知れないという気持ち。

ウ　国司の一行を一応避けて、何者か観察しようという気持ち。

エ　後方からやってくるわが子の一行を待とうという気持ち。

問三　傍線部④「弓取りなほして」というのは、致経のどういう心の表れか、次から適当なものを選んで記号で答えなさい。（5点）

ア　警戒心　　イ　改まった気持ち　　ウ　優越感

エ　好奇心

問四　傍線部③⑤⑦をわかりやすい口語に改めなさい。（各4点）

問五　傍線部⑥の「両虎」とは、具体的には誰と誰か答えなさい。（完答8点）

問六　傍線部⑧「かれが振舞」⑨「いさめて」を具体的に記している部分を本文中から抜き出して答えなさい。（各5点）

問一

問二

問三

問四　③　⑤　⑦

問五

問六　⑧　⑨

12 無欲の尼 ―― 十訓抄

時間 20分　得点　点

（　月　日）

*なま宮仕《づか》へする女房の、*清水《きよみづ》に籠《こも》りたる局《つぼね》の前に、*色白ばみたる尼の、かげのごとく痩《や》せおとろへたるが出で来たりて、物乞《こ》ひありくあり①けり。(a)十月ばかりに破《や》れたる*帷《かたびら》の上に、蓑をかさねてきたりければ、見るもの、「あら、*いみじのさまや。雨もふらぬに、など蓑をばきたるぞ」と問ふ。「これよりほかに、持ちたるものはなし。寒さは堪へがたし。*術《じゅつ》なくて」など答ふるに(b)「あたたまりあるべしとこそおぼえね」といひてかたへは笑ひ②けり。菓子など(A)とらせたれば、うち食ひつつ立ちけるを、いかが思ひけん、(B)よびかへして、ひとへを一つなんどおし出だしたりけるを、よろこびてとりて(C)いぬと思ふほどに、(c)やがて同じ寺に*奉加する所へゆきて、筆を(D)乞ひて、いとうつくしき*手にて、この歌をかきて、ひとへをおきていづちともなくかくれに③けり。

*かの岸を漕《こ》ぎはなれにしあまなればさ*してつくべききうらも覚*えず

語注

なま宮仕へ…形ばかりで、はかばかしくない宮仕え。
清水…京都市東山にある真言法相兼宗の寺。
色白ばみたる…顔色が白っぽい。
帷…裏をつけない衣服。ひとえ。
いみじのさまや…たいそうひどい様子だよ。
術なくて…どうしようもなくて。
奉加…財物を寄進すること。
手…文字。筆跡。
かの岸…彼岸。浄土の世界。
さして…櫓《ろ》を漕いで。
覚えず…わからない。

重要古語

□籠る　□局
□出で来《く》　□など
□術なし　□かたへ
□とらす　□いかが
□ほど　□うつくし
□手

問一　傍線部(a)のことを、昔はどう呼んでいたか、平仮名で記し、その下に漢字で書きなさい。（各2点）

問二　傍線部(b)(c)をわかりやすい口語に改めなさい。（各5点）

問三　傍線部①～③の例によって、助動詞「けり」はどういう意味を表すのに用いられるか、次から適当なものを選んで答えなさい。（4点）

ア　推量　　イ　尊敬　　ウ　過去　　エ　意志

問四　傍線部(A)～(D)の動作をしたのは誰か、次から適当なものを選んで答えなさい。（各4点）

ア　女房　　イ　尼　　ウ　見るもの　　エ　かたへ
オ　話し手

問五　(1)尼はもらった帷をどうしたか。また(2)そのようにした心境を述べている部分を書き抜きなさい。（各5点）

問六　文末の和歌には、「掛詞《かけことば》」（一つのことばを二重の意味に用いて表現の複雑化をはかる技巧）が二箇所に用いられている。それぞれの一方の意味は次のとおりであるが、もう一方はどういう意味を表しているか、答えなさい。（各3点）

あま ＜ 海女《あま》 ／ □

うら ＜ 浦 ／ □

問一

問二

(b)	(c)

問三

問四

(A)
(B)
(C)
(D)

問五

(1)	(2)

問六

あま	うら

13 かくいひて、眺めつつ来る間に ―― 土佐日記

時間 20分　得点　　点

〔　月　日〕

かくいひて、眺めつつ来る間に、①ゆくりなく風吹きて、漕《こ》げども漕げども、後《しり》へ退《しぞ》きに退きて、*ほとほとしくうちはめつ(a)べし。楫取《かぢと》りのいはく、「この住吉の明神は、②例の神ぞかし。ほしき物ぞおはすらむ」とは、今めくものか。さて、「*幣《ぬさ》を奉《たてまつ》り給へ」といふ。いふに従ひて、③幣奉る。かく奉れれど、もはら風止まで、いや吹きに、いや立ちに、風波の危《あやふ》ければ、楫取りまたいはく、「幣には御心のいかねば、御船もゆかぬなり。なほ、④うれしと思ひ給《た》ぶべき物奉り給べ」といふ。また、いふに従ひて、⑤「いかがはせむ」とて、⑥「眼《まなこ》もこそ二つあれ、ただ一つある鏡を奉る」とて、海にうちはめつれば、口惜し。されば、うちつけに、海は鏡の面《おもて》のごとなりぬれば、或《ある》人のよめる歌、

　⑦神の心を荒るる海に鏡を入れてかつ見つ(b)るかな

いたく、住江《すみのえ》、忘れ草、岸の姫松などいふ神にはあらずかし。目もうつらうつら、鏡に神の心をこそは見つ(c)る。楫取りの心は、神の御心なりけり。

〈紀　貫之〉

語注

ほとほとしく…もう少しで～しそうだ。

幣…神に祈るときに供えるもの。麻や紙などで作った。

重要古語

□ゆくりなし　□おはす

□奉る　□いかがはせむ

問一　傍線部①・⑤の意味として適当なものを、次から選んで記号で答えなさい。（各5点）

①　ア　ゆっくりではない　イ　やっとのことで
ウ　思いがけず　エ　予想通り

⑤　ア　どうしたのか　イ　仕方がない
ウ　何だろう　エ　なんとかしよう

問二　傍線部(a)・(b)・(c)の助動詞の中で活用形がまちがっているものを選び、正しい形に直して書きなさい。（完答8点）

問三　傍線部②の説明として適当なものを、次から選んで記号で答えなさい。（7点）

ア　とても親切な神様　イ　ふだん風流な神様
ウ　例の信じている神様　エ　いつもの欲張りな神様

問四　傍線部③・④の主語を、それぞれ次から選んで記号で答えなさい。（各5点）

ア　神　イ　楫取り　ウ　或人　エ　筆者

問五　傍線部⑥で、どちらが大事だとのべているか、次の文の空欄A・Bにあてはまる漢字一字をそれぞれ文中から抜き出して書きなさい。（完答8点）

[A]よりも[B]の方が大事だということ。

問六　空欄⑦に入る枕詞《まくらことば》を次から選んで記号で答えなさい。（7点）

ア　ひさかたの　イ　あしひきの
ウ　たらちねの　エ　ちはやぶる

問一	①		⑤	

問二	記号		正しい形	

問三	

問四	③		④	

問五	A		B	

問六	

14 治承の辻風 ―― 方丈記

時間 20分　得点　　点　〔　月　日〕

また、*治承《ぢしょう》四年①卯月のころ、*中御門《なかのみかど》京極のほどより大きなる*辻風おこりて、六条わたりまで吹ける事侍りき。

*三四町を吹きまくる間に、(a)こもれる家ども、大きなるも小さきも、一つとして(b)破れざるはなし。*さながら平《ひら》に倒れたるもあり、*桁《けた》・柱ばかり残れるもあり。門を吹きはなちて四五町がほかに置き、また、(c)垣を吹きはらひて隣と一つになせり。いはむや、家のうちの資材、(d)数を尽《つく》して空にあり、*桧皮《ひはだ》・*葺板《ふきいた》のたぐひ、冬の木の葉の風に乱るるが如し。塵《ちり》を煙の如く吹き立てたれば、*すべて目も見えず、*おびただしく鳴りどよむほどに、ものいふ声も聞えず。かの地獄の*業の風なりとも、*かばかりにこそはとぞおぼゆる。家の損亡《そんまう》せるのみにあらず、これを取り繕《つくろ》ふ間に、身を損《そこな》ひ、*かたはづける人、数も知らず。この風、②未《ひつじ》の方に移りゆきて、多くの人の歎きなせり。

辻風は常に吹くものなれど、(e)かかる事やある、ただ事にあらず、さるべきもののさとしか、などぞ疑ひ侍りし。

〈風（首書方丈記より）〉

語注

治承四年…一一八〇年（安徳天皇の御代）。この時筆者長明は二十八歳であった。
中御門京極のほど…中御門大路と京極大路との交わる辺り、平安京の東北隅にあたる。
辻風…つむじ風。小局部に起こり、非常な早さで移動する旋回性の風。
三四町を吹きまくる…三四町を圧倒的な勢いで吹きたてる。
さながら…全部。そっくり。
桁…家の外まわりの柱の上にわたした横木。
桧皮…ひのきの皮。屋根をふくのに用いる。
葺板…屋根板。
すべて目も見えず…全く何も見えない。
おびただしく鳴りどよむほどに…ひどく鳴りひびくので。
業の風…迷った人が悪業に感じて起こる大暴風。
かばかりにこそは…このくらいであろう。（これ以上ではあるまい。）
かたはづける人…不具になった者。

問一　傍線部①「卯月」はどう読むか、また陰暦の何月のことか答えなさい。（各4点）

問二　傍線部②はおよそどの方角をいうのか記号で答えなさい。（4点）

ア　北北西　イ　南南西　ウ　北北東　エ　西北西

問三　傍線部(a)は、家がどんな状態であるというのか、次から適当なものを選んで記号で答えなさい。（8点）

ア　人が入っている。

イ　家の間にはさまれている。

ウ　周囲の家に囲まれている。

エ　辻風に巻き込まれてその圏内にある。

問四　傍線部(b)(c)をわかりやすい口語に改めなさい。（各8点）

問五　傍線部(d)はどういう状態をいっているのか、説明しなさい。（7点）

問六　傍線部(e)の口語訳として適当なものを、次から選んで記号で答えなさい。（7点）

ア　こういうことがあろうか、いや決してないだろう、

イ　こういうことがあったかどうか、

ウ　これからもこういうことがあるだろうか、

エ　こういうことは必ずあるだろう、

重要古語

□さながら　□おぼゆ

問一	読み		陰暦の	月

問二	

問三	

問四	(b)	(c)

問五	

問六	

15 方丈の閑居 ―― 方丈記

時間 20分　得点　点　（　月　日）

*おほかた、*この所に住みはじめし時は、あからさまと思ひしかども、今すでに、五年《いつとせ》を経たり。仮りの庵も①やや、(a)ふるさととなりて、軒に朽《く》ち葉ふかく、*土居《つちゐ》に苔むせり。②おのづから、(b)ことの便りに*都を聞けば、この山にこもり居《ゐ》てのち、(c)やむごとなき人のかくれ給へるもあまた聞こゆ。③まして、その数ならぬたぐひ、(d)尽くしてこれを知るべからず。たびたびの炎上にほろびたる家、*またいくそばくぞ。(e)ただ仮りの庵のみ、のどけくしておそれなし。*ほどせばしといへども、夜臥《ふ》す床《ゆか》あり。昼居る座あり。一身をやどすに不足なし。*かむなは小さき貝を好む。これ身知れるによりてなり。*みさごは荒磯に居る。*すなはち、人をおそるるがゆゑなり。われまたかくのごとし。身を知り、*世を知れれば、(f)願はず、走《わし》らず。ただしづかなるを望みとし、憂《うれ》へ無きをたのしみとす。

〈方丈の庵(首書方丈記より)〉

語注

おほかた…そもそも。だいたい。およそ。
この所…日野《ひの》山(京都市伏見区)の奥。
土居…柱を立てる土台。
都を聞けば…都のうわさを聞くと。
またいくそばくぞ…また、どれほどであろうか。
ほどせばし…広さが足りない。狭い。手ぜま。
かむな…「寄居《かむな》」。やどかり。
みさご…鳥の名。猛禽《もうきん》類の一種。海浜や湖畔に棲《す》む。
すなはち…とりもなおさず。つまり。
世を知れれば…この世が無常で恐しいものであることをよく知っているから。

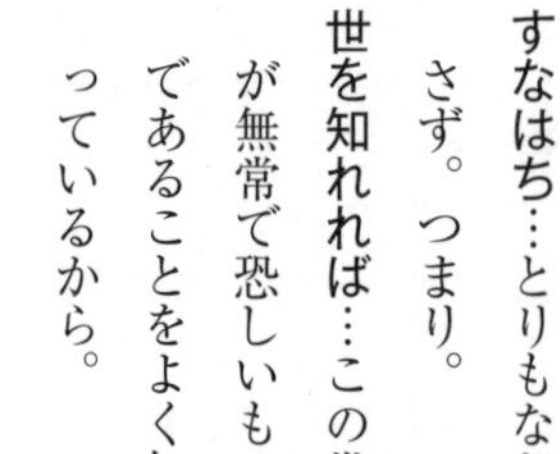

重要古語

□おほかた　□ふるさと
□おのづから　□ゐ(居)る
□やむごとなし　□まして
□のどけし　□憂へ

問一　傍線部①〜③はいずれも副詞であるが、どの文節を修飾しているか答えなさい。（各3点）

問二　傍線部(a)の意味として適当なものを、次から選んで記号で答えなさい。（5点）

ア　郷里　イ　昔の都　ウ　古跡
エ　住みなれた地

問三　傍線部(b)はわかりやすくいうとどういうことか、説明しなさい。（6点）

問四　傍線部(c)と対照的な表現を、文中からさがして記しなさい。（6点）

問五　傍線部(d)は漢文的な表現であるが、口語では普通どういうか答えなさい。（6点）

問六　傍線部(e)は、筆者がどこかよその土地を念頭においた表現と考えられるが、それはどこか答えなさい。（6点）

問七　傍線部(f)を、必要な語句を補ってわかりやすく説明しなさい。（6点）

問八　筆者は、この庵についてどう思っているか、次から適当なものを選んで記号で答えなさい。（6点）

ア　謙遜　イ　満足　ウ　誇り　エ　奨励　オ　礼讃

問一	問二	問三	問四	問五	問六	問七	問八
① ② ③							

16 虫は ―― 枕草子

時間 20分　得点　　点

（　月　日）

虫は*すずむし。ひぐらし。てふ。松虫。*きりぎりす。はたおり。*われから。*ひをむし。蛍。[A]。

　みのむし、いとあはれなり。*鬼の生みたりければ、親に似て(a)これもおそろしき心あらんとて、親の①あやしききぬひき着せて、「いま秋風吹かむをりぞ(b)来んとする。まてよ」といひおきて、(c)にげていにけるも知らず、(d)風の音を聞き知りて、八月ばかりになれば、「*ちちよ、ちちよ」と②はかなげに鳴く、いみじうあはれなり。*ぬかづき虫、またあはれなり。*さる心地に道心《だうしん》おこしてつきありくらんよ。思ひかけず、くらき所などに、*ほとめきありきたるこそをかしけれ。

[B]こそにくき物のうちにいれつべく、愛敬《あいぎやう》なき物はあれ。*人々しう、かたきなどにすべきもののおほきさにはあらねど、秋など、ただよろづの物にゐ、顔などに、ぬれ足してゐるなどよ。人の名につきたる、③いとうとまし。

*夏虫、いとをかしう*らうたげなり。火ちかうとりよせて物語などみるに、草子《さうし》の上などにとびありく、いとをかし。蟻《あり》は、いとにくけれど、*かろびいみじうて、水の上などを、ただあゆみにあゆみありくこそをかしけれ。

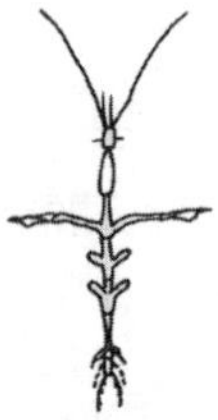

われから

語注

すずむし…今の松虫。松虫は今の鈴虫。
きりぎりす…今のこおろぎ。きりぎりすは今のはたおりを指すという。
われから…海藻についている小虫。
ひをむし…朝生まれて夕暮れに死ぬという虫。
鬼の生みたりければ…昔、子どもの諺《ことわざ》にそういったのだろう。
ちち…ちちを「父」とみるか「乳」とみるか、両説がある。
ぬかづき虫…今の米つき虫。
さる心地に道心おこしてつきありくらんよ…そんな小さな虫の心にも信心をおこし、礼拝しながら歩きまわるとは。
ほとめきありきたる…ほとほとと音をたてて歩きまわる。
人々しう、かたきなどにすべき…人並に扱って、敵などに回すほどの。
夏虫…火取虫。
らうたげなり…愛らしげだ。
かろびいみじうて…身の軽さは大変なもので。

問一　右の文章中に虫の名がいくつでているか、その数を算用数字で答えなさい。（5点）

問二　空欄[A]には、「これらの虫はみな～だ」という筆者の感じた印象を表す形容詞が省略されている。それは「をかし」か「あはれなり」か、答えなさい。（5点）

問三　傍線部(a)「これ」は何を指しているか答えなさい。（5点）

問四　傍線部(b)(c)の主語はそれぞれ何か答えなさい。（各5点）

問五　傍線部(d)は「風の音を聞」いて何がわかったというのか、答えなさい。（5点）

問六　空欄[B]に入る虫の名を次から選んで答えなさい。（5点）

ア　ちょう　イ　とんぼ　ウ　はえ　エ　蚊

問七　傍線部①～③の語の意味としてそれぞれ適当なものを次から選んで答えなさい。（各5点）

①
ア 奇妙な
イ 粗末な
ウ 不思議な
エ 汚れた

②
ア 小さな声で
イ 弱った様子で
ウ 困った様子で
エ たよりなさそうに

③
ア 親しめない
イ そっけない
ウ かかわりがない
エ 感じがわるい

重要古語
□あはれなり
□をかし
□うとまし
□あやし
□愛敬
□らうたげなり

問一	
問二	
問三	
問四	(b)
	(c)
問五	
問六	
問七	①
	②
	③

17 かたはらいたきもの ―― 枕草子

時間 20分　得点　点　（　月　日）

*かたはらいたきもの、よくも音《ね》*弾《ひ》きとどめぬ琴を、よくも*調べで、心のかぎり弾きたてたる。客人《まらうど》などにあひてものいふに、*奥の方《かた》にうちとけごとなどいふを、*①えは制せで聞く心地。②思ふ人のいたく酔《ゑ》ひて、おなじことしたる。聞きゐたりけるを知らで、人の上いひたる。それは、*なにばかりの人ならねど、つかふ人などだにかたはらいたし。*旅だちたる所にて、下衆《げす》どもざれゐたる。*にくげなるちごを、おのが心地の*かなしきままに、③うつくしみ、かなしがり、④これが声の⑤ままに、いひたることなど語りたる。才《ざえ》ある人の前にて、才なき人の、*ものおぼえ声に⑥人の名などいひたる。⑦よしとも覚えぬ我が歌を、⑧人に語りて、⑨人のほめなどしたる由いふも、かたはらいたし。

語注

かたはらいたきもの…わきから見てきがかりなもの。みっともないもの。いたたまれないもの。
弾きとどめぬ琴…弾きこなさない琴。
調べで…調律せずに。
奥の方にうちとけごとなどいふを…奥の方で無遠慮なことを言っているのを。
えは制せで聞く心地…やめさせることができないで聞いている気持ち。
なにばかりの人ならねど…どれほどの人でなくても。
旅だちたる所にて…外泊した先で。
にくげなるちご…見た目に憎らしい幼児。
かなしきままに…かわいいのにまかせて。
ものおぼえ声に…物知り顔に。

重要古語

□かたはらいたし　□まらうど
□かなし　□うつくしむ
□かなしがる　□よし（良）

問一　傍線部①「えは制せで」とあるが、なぜ「制する」必要があるのか簡単に答えなさい。（10点）

問二　傍線部②はどういう意味か、具体的に記しなさい。（8点）

問三　傍線部③⑤の「ままに」のうち、③の方は「にまかせて」と訳すればよいが、⑤はどう訳すればよいか、答えなさい。（6点）

問四　傍線部④「これ」は文中の何を指しているか答えなさい。（6点）

問五　傍線部⑥「人の名などいひたる」の「人」とはどんな人か、次から適当なものを選んで記号で答えなさい。（6点）

ア　知り合いの人
イ　学識のある有名な人
ウ　社会に貢献した人
エ　人気のある人

問六　傍線部⑦をやさしい口語に改めなさい。（8点）

問七　傍線部⑧と⑨の「人」は同一人か別人か答えなさい。（6点）

問一

問二

問三

問四

問五

問六

問七

18 わが身にうときこと ―― 徒然草

時間 20分 得点 点

（ 月 日）

人ごとに、我が身に*(a)うとき事をのみぞ好める。法師は*兵《つはもの》の道を立て、*夷《えびす》は弓ひく術《すべ》知らず、仏法知りたる気色《きそく》し、*連歌《れんが》し、管絃《かんげん》を嗜《たしな》み合へり。されど、*おろかなる己が道よりは、なほ人に思ひ侮られぬべし。

法師のみにもあらず、*①上達部・*②殿上人、かみさままでおしなべて、武を好む人多かり。(b)百《もも》たび戦ひて百たび勝つとも、いまだ武勇《ぶよう》の名を*定めがたし。その故は、運に乗じて敵《あた》を砕く時、(c)勇者にあらずといふ人なし。*兵尽き、矢窮《きはま》りて、つひに敵に降《くだ》らず、*死をやすくして後、始めて名をあらはすべき道なり。*生けらんほどは、武に誇るべからず。*(d)③人倫に遠く、④禽獣に近き振舞、(e)その家にあらずは、好みて益なきことなり。

語注

うとき…縁遠い。かかわりのない。
兵の道を立て…武術を本職のようにし。
夷…荒武者。
連歌…詩歌の一体。和歌の上・下両句を別人が詠んで応答する遊び。院政時代以後、これを何首も続ける長連歌が行われた。
おろかなる己が道…おろそかにしている自分の本職。
上達部…位は三位《さんみ》以上、官は参議以上の公卿《くぎょう》。
殿上人…四位・五位で清涼殿に昇殿を許された人。
定めがたし…確立することはむずかしい。
兵…武器。
死をやすくして…いさぎよく恐れず死んで。
生けらんほどは…生きているうちは。
人倫…人間。

重要古語

□されど　□おろかなり
□なほ　□おしなべて

問一　傍線部(a)「うとき事」の例として、「夷」の場合、筆者はどういうものを例として挙げているか、三つ答えなさい。（各5点）

問二　傍線部①〜④の読み方を、現代かなづかいによって書きなさい。（各3点）

問三　傍線部(b)という筆者の主張は、どういう考え方によるのか、わかりやすく説明しなさい。（7点）

問四　傍線部(c)の意味として適当なものを、次から選んで記号で答えなさい。（5点）

ア　勇者だという人はいない。
イ　勇者でないという人はいない。
ウ　勇者だといわない人もいる。

問五　傍線部(d)は何が「人倫に遠く、禽獣に近き振舞」なのか、文中の漢字一字で答えなさい。（5点）

問六　傍線部(e)はどういう家か答えなさい。（6点）

問一

問二　①　②　③　④

問三

問四

問五

問六

19 望月のまどかなる事は ―― 徒然草

時間 20分　得点　点　（　月　日）

①望月のまどかなる事は、しばらくも住*《ぢゆう》せず、②やがて欠けぬ。心とどめぬ人は、一夜の中に、さまで変はるさまも見えぬにやあらん[a]。病の重るも、住する隙《ひま》なくして、死期既に近し。されども、いまだ病急ならず、死に赴かざる程は、常住や平生の念に習ひて、生の中に多くの事を成《じやう》じて後、閑《しづ》かに道*を修せんと思ふほどに、病を受けて死門に臨む時、所願*一事も成ぜず、言ふかひなくて、年月の懈怠*《けだい》を悔いて、「このたび、もしたちなほりて命を全《また》くせば、夜を日につぎて、この事かの事、怠らず成じてん」と、願ひを起こすらめ[b]ど、③やがて重りぬれば、我にもあら[c]ず、取り乱して果てぬ。このたぐひのみこそあらめ[d]。この事、まづ、人びと急ぎ心に置くべし。

所願を成じて後、暇《いとま》ありて道に向かはんとせば、所願尽くべからず。如幻*の生の中に、何事をかなさん。すべて所願みな妄想*《まうざう》なり。所願心に来たらば、妄心迷乱*すと知りて、一事をもなすべからず。直ちに万事を放下*《はうげ》して道に向かふ時、さはりなく、所作*なくて、心身永くしづかなり。

〈兼好法師〉

語注

住せず…そのままとどまっていない。
道…仏道修行の道。
所願…願い。望み。
懈怠…怠けること。
如幻…幻のようなこと。
妄想…正しくない考え。
妄心迷乱す…迷いの心が自分の本心を迷わせ乱す。
放下…投げ捨てること。
所作…無用な行為ということ。

重要古語

□望月　□やがて
□かひなし　□たぐひ

問一　傍線部①を他の熟語で言いかえ、漢字二字で書きなさい。(9点)

問二　傍線部②を口語訳し、書きなさい。(9点)

問三　傍線部③の意味として適当なものを、次から選んで記号で答えなさい。(8点)

ア　いろいろな病気が重複すれば
イ　かかった病気が重症になれば
ウ　もし責任が重くなれば
エ　気分が重苦しくなると必ず

問四　傍線部a〜dの中で、同じ助動詞を含むものを二つ選んで記号で答えなさい。(完答8点)

問五　筆者は仏道修行するためにどうすればよいと述べているか。適当なものを次から選んで記号で答えなさい。(8点)

ア　願いは迷いだと知ること。
イ　あらゆる願いを捨て去ること。
ウ　願いを成し遂げること。
エ　迷わず願いをもつこと。

問六　「徒然草」の冒頭を、次から選んで記号で答えなさい。(8点)

ア　月日は百代の過客にして
イ　あづまぢの道のはてよりも
ウ　つれづれなるままにひぐらし
エ　行く河の流れはたえずして

問一	
問二	
問三	
問四	・
問五	
問六	

20 重盛の機転 ―平家物語

時間 20分　得点　　点　（　月　日）

ある時、*(a)小松殿参内《さんだい》のついでに、中宮*の御方へ参らせ給ひたりけるに、八尺*ばかりありけるくちなはが、おとどの①指貫*の左のりん*をはひまはりけるを、重盛さわがば、女房たちもさわぎ、中宮もおどろかせ給ひなんずとおぼしめし、左の手でくちなはの尾おさへ、右の手でかしらをとり、②直衣の袖のうちにひきいれ、ちっともさわがず、つい立って、「六位*や候ふ、〳〵」と召されければ、(b)伊豆守、そのころはいまだ*衛《ゑ》府《ふ》蔵人《くらうど》でおはしけるが、「仲綱*」と名のって参られたりけるに、このくちなはをたぶ。③給はって*弓《ゆ》場《ば》殿を経て、④殿上の小庭にいでつつ、御*倉《くら》の小舎人《こどねり》を召して、「⑤これ給はれ」といはれければ、(A)大きにかしらをふってにげさりぬ。ちからおよばで、わが郎等*競《きほふ》の滝口を召して、これをたぶ。給はって捨ててんげり。そのあした小松殿よい馬に鞍《くら》おいて、伊豆守のもとへつかはすとて、「さても昨日のふるまひこそ優に候ひしか。これはのり一*の馬で候ふ。夜陰に及んで、陣外*より*傾城《けいせい》のもとへ通はれんとき、もちゐらるべし」とて(B)つかはさる。伊豆守、*大臣《おとど》の御返事なれば、「御馬かしこまって⑥給はり候ひぬ。(C)昨日のふるまひは(D)還城楽《げんじやうらく》*にこそ候ひしか」とぞ申されける。

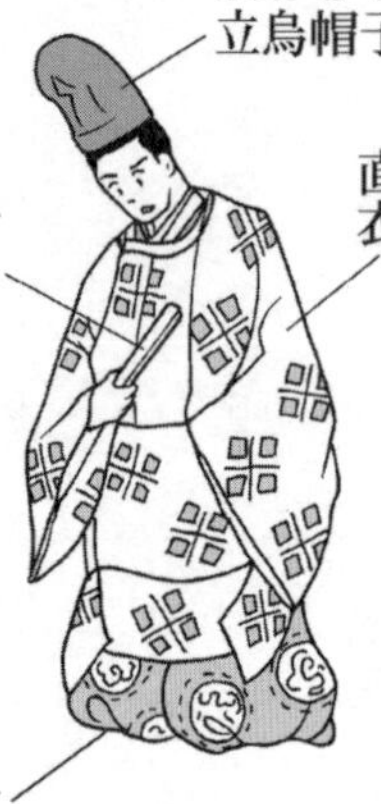

語注

小松殿…平清盛の長男。保元・平治の乱に戦功を立て、平氏の全盛とともに内大臣に進んだ。謹直・温厚・忠孝の人として有名。
中宮…高倉天皇の中宮建礼門院。重盛の妹。
八尺…一尺は三〇・三センチメートル。
指貫…袴の一種。指貫袴。
りん…輪。袴の裾のふちをとった所。
六位…六位の蔵人。
衛府蔵人…六衛府の役人で蔵人を兼ねる者。
仲綱…源三位頼政の長男。
弓場…宮中で天皇が弓術を御覧になる所。
御倉…蔵人所。
競…渡辺の競という滝口警護の武士。
のり一の馬で候ふ…乗り心地の一番よい馬です。
陣外…陣は宮中の六衛府の役人の詰所。競は衛府の役人であった。
傾城…美人。美女。
大臣の御返事…大臣への御返事。
還城楽…舞楽の一種。中国東北方に住む胡人《こじん》が蛇をもち、袖に入れて舞うのである。

問一　傍線部①②④の読み方として適当なものを記号で答えなさい。（各3点）

①｛ア　ゆびぬき　イ　しかん　ウ　さしぬき　エ　ゆびかん｝

②｛ア　なおごろも　イ　ちょくい　ウ　のうし　エ　なおい｝

④｛ア　とののうえ　イ　でんじょう　ウ　とのがみ　エ　てんじょう｝

問二　傍線部③⑤⑥を、活用形に注意して口語に改めなさい。（各3点）

問三　傍線部(a)「小松殿」(b)「伊豆守」と同一人物を、それぞれ他のところでは何と呼んでいるか答えなさい。（各4点）

問四　傍線部(A)は小舎人のどんな意志の表れか、次から選んで答えなさい。（5点）

ア　恐怖　イ　おどけ　ウ　嫌悪　エ　拒否

問五　傍線部(B)「つかはさる」とは「お贈りになる」という意味である。ここでは誰が、誰に、どういうわけで贈ったのか、説明しなさい。（完答8点）

問六　傍線部(C)「昨日のふるまひ」と(D)「還城楽」との共通するのはどういう点か、簡単に答えなさい。（5点）

問七　「蛇」は誰の手から誰の手へ渡っていったか、順にその名を記しなさい。（完答6点）

重要古語

□ついで　□おぼしめす
□たぶ　□あした
□優なり　□かしこまる

問一

①	②	④

問二

③	⑤	⑥

問三

(a)	(b)

問四

問五

	が		に	

問六

問七

	↓		↓	

21 老馬 ―― 平家物語

時間 20分　得点　　点

（　月　日）

*寿永三年正月、源義経らは、平家追討のため*一の谷へ向かった。平家は一の谷に城郭を構えて、意気なお盛んであった。二月六日、義経は一部の兵を率いて、その背後*鵯越《ひよどりご》えに迫るが、山中の地理に不案内であった。

また、*武蔵国住人別府小太郎とて、生年《しやうねん》十八歳になる*小冠者《こくわんじや》すすみ出て申しけるは、「父で候ひし義重法師が教へ候ひしは、『敵《かたき》にもおそはれよ、山越えの狩りをもせよ、深山《みやま》にまよひたらん時は、老馬に手綱をうちかけて、さきに追つたてゆけ・かならず道へいづるぞ』とこそおしへ候ひしか」。*①御曹司「*やさしうも(a)申したるものかな。②『雪は野原をうづめども、老いたる馬ぞ道はしる』といふためしあり」とて、*白葦毛《しらあしげ》なる老馬に*かがみ鞍《ぐら》置き、しろぐつははげ、手綱むすんでうちかけ、さきに追つたてて、③いまだしらぬ深山へこそ入り給へ。

ころは④如月はじめの事なれば、嶺の雪むらぎえて、花かとみゆる所もあり。谷の鶯《うぐひす》おとづれて、霞《かすみ》に(b)まよふところもあり。のぼれば白雲*皓々《かうかう》として聳《そび》え、くだれば青山*峨々《がが》として*岸高し。松の雪(c)だに消えやらで、苔《こけ》のほそ道かすかなり。嵐に*たぐふをりをりは、梅花ともまたうたがはる。*東西に鞭《むち》をあげ、駒《こま》をはやめて行くほどに、山路に(d)日くれぬれば、みなおりゐて陣をとる。

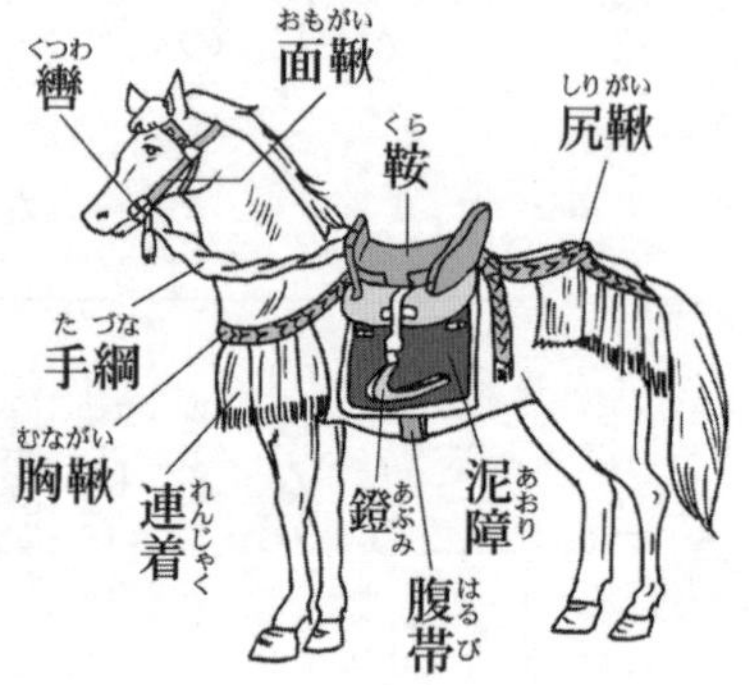

語注

寿永三年…一一八四年。

一の谷・鵯越え…地名。兵庫県神戸市須磨《すま》区にある。一の谷の北側に鵯越えがある。

武蔵国…旧国名。今の東京都・埼玉県・神奈川県北東部。

小冠者…元服をすませたばかりの若者。

御曹司…貴族・武士の、まだ部屋住みの子息。

やさしうも申したるものかな…立派な言葉を吐いたものだ。

白葦毛…馬の毛色。葦毛の白みがちなもの。

かがみ鞍…鞍の一種。磨いた金または銀の鏡状のものを、鞍の前後に張ったもの。

皓々…まっ白に見える形容。

峨々…角立っている形容。

岸…崖《がけ》。

たぐふをりをりは、梅花ともまたうたがはる…雪が嵐にともなって散ってくる時は、梅の花ではないかと思われる。

東西に鞭をあげ、駒をはやめて行くほどに…馬にむちを当て、山中をあちこち走らせているうちに。

問一　傍線部①④の読み方を現代かなづかいで記しなさい。（各3点）

問二　傍線部②の中から動詞を抜き出して、何行何段動詞の何形か答えなさい。（完答各4点）

問三　傍線部③の中から係り結びに関係のある文節を抜き出して、所定の欄に記入しなさい。（補助の関係でつながる二文節は一文節とみる。）（各3点）

問四　傍線部(a)(b)の主語を答えなさい。（各4点）

問五　傍線部(c)(d)をわかりやすい口語に改めなさい。（各5点）

問六　『平家物語』について、次のA・Bから、それぞれ適当なものを一つずつ選んで記号で答えなさい。（各4点）

A　成立した時代

ア　奈良時代　**イ**　平安時代　**ウ**　鎌倉時代

エ　江戸時代

B　属するジャンル

ア　歴史文学　**イ**　戦記文学　**ウ**　説話文学

エ　物語文学　**オ**　日記・随筆文学

重要古語

□やさし　□たぐふ

問一

①	④

問二

動詞	活用の種類	活用形

問三

係る文節	結びの文節

問四

(a)	(b)

問五

(c)	(d)

問六

A	B

22 こまつぶり ―― 大鏡

時間 20分　得点　　点　（　月　日）

（行成大納言は）少し*いたらぬ事にも、御*たましひの深く①おはして、*らうらうじくしなし②たまひける御根性にて、*帝《みかど》幼く③おはしまして、人々に「*遊び物どもまゐらせよ」と仰せ④られければ、さまざま、こがね・しろがねなど、心をつくして、いかなる事を*がなと、*風流《ふりゆう》をし出でて、もて参りあひたるに、(a)この殿は、こまつぶりに、*村濃《むらご》の緒《を》つけて⑤奉りたまへりければ、「(b)あやしの物のさまや、こは何ぞ」と問はせたまうければ、「しかじかのものになむと申す。まはして御覧じおはしませ。*興《きやう》あるものになむ」と申⑥されければ、南殿《なでん》に出でさせおはしまして、まはさせたまふに、いと広き殿のうちに、残らず*くるめきあるけば、いみじう興ぜさせたまひて、これをのみ常に御覧じあそばせたまへば、*こと物どもは*こめられにけり。

語注

いたらぬ事にも…少々得意でないことにも。
たましひ…知恵・才能。
らうらうじくしなしたまひける…巧みにやってのけられる。
帝…後一条天皇。
遊び物…おもちゃ。玩具《がんぐ》。
がな…しでかしたい。自己の願望を表す。
風流をし出でて…意匠を凝らして。
村濃の緒つけて…同じ色で、所々に濃い部分と薄い部分とがある緒（ひも）を添えて。
興あるものになむ…おもしろいものでございます。
くるめきあるけば…くるくると回って歩いたので。
こと物ども…ほかのいろいろなもの。
こめられにけり…しまいこまれてしまった。

重要古語

□らうらうじ　□まゐらす
□おほす　□風流

問一　傍線部(a)「こまつぶり」とはなにか。また、そう判断した根拠を三つ口語で簡単に述べなさい。（各4点）

問二　傍線部(b)は現代の言い方ではどういうか、平易なことばで記しなさい。（6点）

問三　傍線部①〜④は話し手が話題の中に登場する人物を尊敬した表現である。それぞれ誰を尊敬しているのか答えなさい。（各4点）

問四　傍線部⑤⑥は話し手が話題の中に登場する動作主を低めることによって、その動作を受ける相手を間接的に高める敬語（謙譲語）である。ここでは、誰が低められることによって、誰が高められたことになるか答えなさい。（完答各2点）

問五　この文章は、行成大納言がどういう人物であったといっているのか、五十字以内で答えなさい。（8点）

問一

1	2	3

問二

問三

①	③
②	④

問四

⑤	⑥

を低められることによって

が高められた。

問五

23 道真流罪 ―― 大鏡

時間 20分　得点　点　（　月　日）

*左大臣は御年もわかく、①才《ざえ》もことのほかに劣りたまへるにより、*右大臣の御おぼえことのほかにおはしましたるに、左大臣②安からずおぼしたる程に、*さるべきにやおはしけむ、③右大臣の御ためによからぬ事出できて、*昌泰《しやうたい》四年正月廿五日、*大宰権帥《だざいのごんのそち》になし奉りて流されたまふ。このおとど、子どもあまたおはせしに、女君たちは*聟《むこ》どり、男君たちは、皆*ほどほどにつけて位どもおはせしを、それも④皆方々に流されたまひてかなしきに、幼くおはしける男君、女君たち、⑤慕ひ泣きておはしければ、*小さきはあへなむと、*おほやけも許さしめたまひしぞかし。みかどの*御おきて、極めてあやにくにおはしませば、この御子どもを、⑥同じ方に遣はさざりけり。*かたがたにいと悲しくおぼし召して、御前の梅の花を御覧じて、

(A)*こち吹かばにほひおこせよ梅の花あるじなしと
　て春をわするな

また、亭子の帝に聞えさせたまふ、

(B)流れゆくわれはみくづと⑦なりはてぬ君*しがらみ
　となりてとどめよ

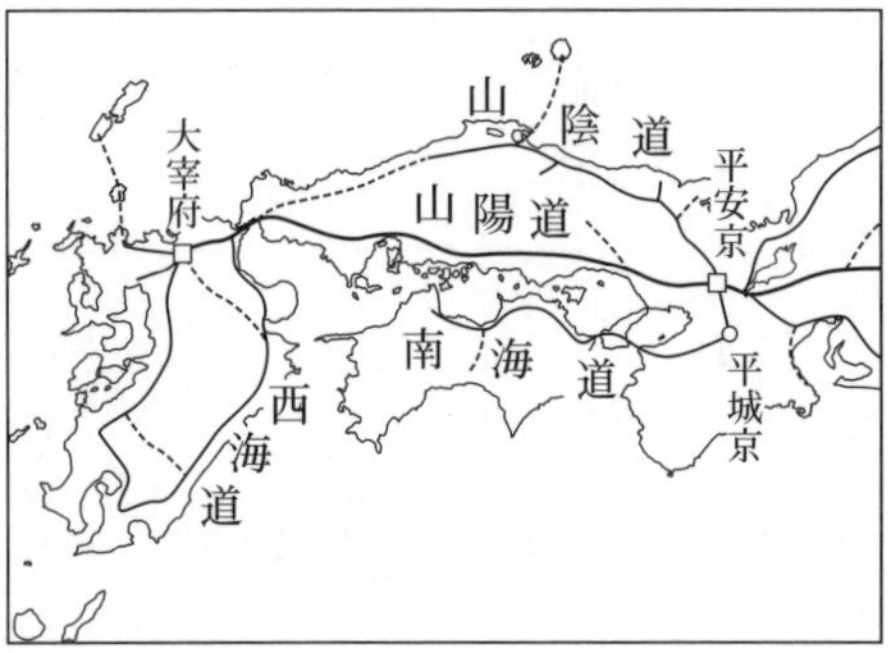

語注

左大臣…藤原時平。平安前期の廷臣。
右大臣…菅原道真《みちざね》。平安前期の廷臣。
さるべきにやおはしけむ…そうなるべき前世からの運命というべきであったのだろうか。
昌泰四年…西暦八九八年。平安前期。
大宰権帥…大宰府の次官。
聟どり…結婚し。
ほどほどにつけて…年齢や器量に応じて。
小さきはあへなむ…幼い者はさしつかえあるまい。
おほやけ…天皇。朝廷。
御おきて、極めてあやにくにおはしませば…御処置がきわめて厳しくていらっしゃったから。
かたがたに…あれやこれやにつけ。
こち…東風。東から吹いてくる風。
しがらみ…川の中に杭をうちわたし、それに柴《しば》や竹などを結びつけて、流れをせきとめるもの。

重要古語

□さるべき　□あやにくなり
□おこす　□きこゆ

問一　傍線部①は、誰が誰に比べてどうであったというのか、わかりやすく説明しなさい。（各3点）

問二　傍線部②は左大臣が何を「安からず」お思いになったのか、「……が……ことを。」という形で二十字以内で答えなさい。（6点）

問三　傍線部③の結果、右大臣はどうなったか、簡単に答えなさい。（5点）

問四　傍線部④「方々に」は、そのあとにみえる「かたがたに」とはちがった意味に用いられている。その意味を記しなさい。（5点）

問五　傍線部⑤は誰を慕って泣いたのか、答えなさい。（5点）

問六　傍線部⑥「同じ方」とは具体的にどこを指しているか、答えなさい。（5点）

問七　(A)の歌において「あるじ」とは誰のことか、答えなさい。（5点）

問八　(B)の歌は何句切れか、答えなさい。また、傍線部⑦「なりはてぬ」を口語に改めなさい。（各5点）

問一　［　　］が［　　］に比べて［　　］

問二　［　　　　　　　　　　］

問三　［　　　　　　　　　　］

問四　［　　　　　　　　　　］

問五　［　　　　　　　　　　］

問六　［　　　　　　　　　　］

問七　［　　　　　　　　　　］

問八　［　　］句切れ　［　　　　　　　　　　］

（　月　日）

24 芥川 ―― 伊勢物語

時間 20分　得点　点

むかし、をとこありけり。*女のえ得《う》まじかりけるを、*年を経《へ》て*よばひわたりけるを、からうじて盗み出でて、いと暗きに来けり。*芥川《あくたがは》といふ*河を率《ゐ》ていきければ、草の上におきたりける露を、「*かれは何ぞ」となんをとこに問ひける。*ゆくさき多く夜もふけにければ、*鬼ある所とも①知らで、*②神さへいといみじう鳴り、雨もいたう降りければ、*あばらなる蔵《くら》に、③女をば奥におし入れて、をとこ、弓《ゆみ》*籙《やなぐひ》を負ひて戸口に居り。④はや夜も明けなんと思ひつつゐたりけるに、鬼はや一《ひと》口《くち》に食ひてけり。「*あなや」と⑤いひけれど、神鳴るさわぎに⑥え聞かざりけり。やうやう夜も明けゆくに、見れば率て来《こ》し女もなし。*足ずりをして泣けどもかひなし。

*白玉かなにぞと人の問ひし時⑦露と答へて*消えなましものを

語注

女のえ得まじかりけるを…手に入れることができそうになかった女を。
年を経て…何年もつづけて。
よばひわたりけるを…女のもとに通い続けたのだが。
芥川…大阪府三島郡の川の名ともいうが不明。
河を…河のほとりを。
かれ…あれ。指示代名詞。
ゆくさき…これから行く先の道のり。
鬼…人身で頭に角があり、口が大きく牙《きば》をもつ想像上の怪物。人を食うという。
神さへ…雷までも。
あばらなる蔵…荒れ果てて戸じまりもない家。
籙…矢を入れて背中に背負う道具。
あなや…強い感動の叫び声。あれ、大変だ。
足ずりをして…地だんだを踏んで。
白玉…真珠の異称。
消えなましものを…消えてしまったらよかったのに。

問一 傍線部①「知らで」はどの文節を修飾しているか、一文節の形で答えなさい。（8点）

問二 傍線部②「神さへ」の「さへ」は「そのうえ～まで」という意味の副助詞である。ここでは「どういうこと」の上に「雷までが」といっているのか、原文のまま記しなさい。（10点）

問三 傍線部③の理由として適当なものを次から選んで記号で答えなさい。（6点）

ア 女がすきを見て逃げだすと思ったから。
イ 女が雨や風にあたらないように守るため。
ウ 追手が来たときに気づかないようにするため。

問四 傍線部④の口語訳として適当なものを次から選んで記号で答えなさい。（6点）

ア もはや夜も明けてしまった。
イ もう夜も明けるだろう。
ウ 早く夜も明けてほしいものだ。

問五 傍線部⑤⑥の主語を答えなささい。（各6点）

問六 傍線部⑦の「露」が象徴しているのは何か、次から選んで記号で答えなさい。（8点）

ア 冷たさ　**イ** 悲しみ　**ウ** はかなさ　**エ** 寂しさ

重要古語

□率る　□いたし
□はや　□やうやう

問一	
問二	
問三	
問四	
問五	⑤ ／ ⑥
問六	

25 命をかけた恋 ——伊勢物語

時間 20分　得点　　点

むかし、わかきをとこ、*異《け》しうはあらぬ女を思ひけり。*さかしらする親ありて、①思ひもぞつくとて、この女をほかへおひやらむとす(a)。*さこそいへ、まだおひやらず。②人の子なれば、まだ*心いきほひなかりければ、③とどむるいきほひなし。女も④卑しければ、*すまふ力なし。*さるあひだに、⑤思ひはいやまさりにまさる。俄《には》かに親この女をおひうつ。をとこ、血の涙をながせども、⑥とどむるよしなし(b)。率《ゐ》て出でて去《い》ぬ(c)。をとこ泣く泣くよめる。

　*出でていなば誰か別れの*難《かた》からんありしにまさる今日はかなし*も

とよみて絶えいりにけり。親あわてにけり。*なほ思ひてこそいひしか、*いとかくしもあらじと思ふに、真実《しんじち》に絶えいりにければ、まどひて願《ぐわん》たてにけり。今日の⑦入相ばかりに絶えいりて、⑧又の日の⑨戌の時ばかりになん⑩からうじていき出でたりける。昔の若人は、さる*すける物思ひをなんしける。*今の翁、まさにしなむや。

語注

異しうはあらぬ女…わるくはない女。ちょっと人目を引く女。下文によって、召使い女などとわかる。

さかしらする…利口ぶる。

さこそいへ…そうは思っても。

心いきほひなかりければ…気が弱かったから。

すまふ…張り合う。対抗する。

さるあひだに…そうしているうちに。

出でていなば…（女の方からすすんで）出てゆくなら。

難からん…むずかしかろうか。（いやむずかしくはないだろう。）

も…詠嘆の終助詞。なあ。よ。

なほ…やはり。なんといっても。

いとかくしもあらじと思ふに…こうして全く息が絶えてしまうこともあるまいと（親が）思うのに。

すける…好色な。恋にうちこんだ。

今の翁、まさにしなむや…当世の老人（のような若者）は、どうしてこんな恋ができようか。

重要古語

□異し　□さこそいへ

□さる　□又の日

問一　傍線部①は、誰に、どういう思いがつくというのか、具体的に答えなさい。（4点）

問二　傍線部②をわかりやすい口語に改めなさい。（4点）

問三　傍線部③の主語は誰か、答えなさい。（2点）

問四　傍線部④⑩の意味を答えなさい。（各3点）

問五　傍線部⑤は、誰の「思ひ」か答えなさい。（2点）

問六　傍線部⑥を、人物関係を明確にして口語に改めなさい。（6点）

問七　傍線部⑦⑨は、今の大体何時にあたるか答えなさい。（各4点）

問八　傍線部⑧の意味を答えなさい。（4点）

問九　傍線部(a)〜(c)の動詞について、活用の種類と活用形を書きなさい。（完答各3点）

問十　筆者はこの物語の主人公（わかきをとこ）をほめているか、けなしているか。もしほめているならば、どういう点についてほめているか、簡単に答えなさい。（5点）

問一

問二

問三

問四

④	⑩

問五

問六

問七

⑦
⑨

問八

問九

	(a)	(b)	(c)
	行	行	行
	活用	活用	活用
	形	形	形

問十

26 玉くしげ ―― 大和物語

時間 20分　得点　点　〔　月　日〕

*野大弐《やだいに》、*純友《すみとも》がさわぎの時、*うてのつかひにさされて少将にてくだりける、*おほやけにもつかうまつる、*四位にもなるべき年にあたりければ、*むつきの加階たまはりの事、いと(A)ゆかしうおぼえけれど、京よりくだる人も①*をさをさきこえず。ある人にとへど、「四位になりたり」ともいふ。ある人は「さもあらず」ともいふ。②さだかなる事*いかできかむとおもふほどに、京よりたよりあるに、*近江《あふみ》の守《かみ》公忠《きむただ》の君の③文《ふみ》をなむもてきたる。④いとゆかしううれしうてあけてみれば、よろづの事ども(B)かきもていきて、月日などかきておくのかたにかくなん、

*たまくしげふたとせあはぬ君が身を*あけながらやはあらんと思ひし

これを見て、かぎりなくかなしくてなむ泣きける。四位にならぬよし文のことばにはなくて、ただかくなんありける。

語注

野大弐…大宰府の次官であった、小野好古《よしふる》（八八四～九六七）。篁《たかむら》の孫。九四〇年追捕兇賊《きょうぞく》使として西下した。

純友がさわぎ…藤原純友が伊予《いよ》日振島《ひぶりしま》で起こした反乱。九三九～九四一。

うてのつかひにさされて…追討使に指名されて。

おほやけにもつかうまつる…朝廷にもお仕えし。

四位にもなるべき…五位から四位に昇叙されるはずの。

むつきの加階…正月（天慶《てんけい》四年）の定期の加階。

をさをさきこえず…ほとんど耳に入らない。

いかで…下の「む」と呼応して、なんとかして～たい。

近江の守公忠の君…源公忠。光孝天皇の孫。三十六歌仙の一人。家集に『公忠集』がある。

たまくしげ…「たまくしげ」は「美しい箱」という意で、その「蓋《ふた》」の意から「二《ふた》」の枕詞。「あけ」は「開け」と「朱《あけ》」の掛詞。また「ふた」も「あけ」も「たまくしげ」の縁語。

あけ…「朱《あけ》」は五位の者が着用する袍《ほう》の色。

問一　傍線部①は、誰が、誰にどういうことを「きこえず」ということか、わかりやすく説明しなさい。（10点）

問二　傍線部②は具体的にはどういうことか説明しなさい。（6点）

問三　傍線部③「文」の意味としてあてはまるものを次から選び、記号で答えなさい。（6点）
ア　文書　**イ**　書物　**ウ**　手紙　**エ**　漢詩文　**オ**　和歌

問四　傍線部(A)(B)の意味を答えなさい。（各5点）

問五　本文中の歌は、「二年もお会いしていないあなたが、今年も朱色の袍を着ておられようとは、まことに意外なことです。」という内容である。公忠は(1)どういうことを、(2)どういう言い表し方で好古に知らせようとしたのか、わかりやすく説明しなさい。（各5点）

問六　傍線部④の好古の気持ちは、後半でどのように変わったか。本文から二十字以内で抜き出して答えなさい。（8点）

重要古語
□ゆかし　□おぼゆ
□をさをさ　□さだかなり

問一

問二

問三

問四

(A)	(B)

問五

(1)	(2)

問六

27 采女《うねべ》哀歌 ―― 大和物語

時間 20分　得点　　点　（　月　日）

昔、ならの帝につかうまつる*采女《うねべ》ありけり。顔容貌《かたち》いみじうきよらにて、人々*よばひ、殿上人《てんじやうびと》などもよばひけれど、*あはざりけり。そのあはぬ心は、帝をかぎりなく①めでたきものになむ思ひたてまつりける。帝召してけり。さて後またも召さざりければ、かぎりなく②心憂《う》しと(A)おもひけり。夜昼心にかかりておぼえ給ひつつ、恋しく*わびしうおぼえ給ひけり。帝は召ししかど、*こととおぼさず。さすがにつねには(B)みえたてまつる。③なほ*世に経《ふ》まじき(C)心ちしければ、④夜みそかに*猿沢の池に身を投げてけり。かく投げつとも帝は*えしろしめさざりけるを、ことのついでありて人の*(a)奏しければ、(b)きこしめしてけり。いといたうあはれがり給ひて、池のほとりに*おほみゆきしたまひて、人々に(D)歌よませ給ふ。

柿本人麿、

(甲)　*わぎもこのねくたれ髪を猿沢の池の*玉藻と
　　みるぞかなしき

とよめる時に、帝、

(乙)　猿沢の池も*つらしな吾妹子《わぎもこ》がたまも*(c)かづか
　　ば水ぞひなまし

とよみたまひけり。さてこの池には、墓せさせ給ひてなむ帰らせおはしましけるとなむ。

〈猿沢の池〉

語注

采女…地方豪族の子女で、後宮に入り、天皇の食事に侍する女房。「うねめ」ともいった。
よばひ…言い寄る。求婚する。
あはざりけり…結婚しなかった。
わびしう…つらく。
こととおぼさず…その後は、思い出しても下さらない。
世に経まじき心ちしければ…これ以上生きてゆけない気がしたので。
猿沢の池…奈良市、興福寺のそばの池。
えしろしめさざりけるを…ご存じになることができなかったが。
奏し…帝に申し上げる。奏上する。
おほみゆきしたまひて…行幸なされて。
わぎもこのねくたれ髪を…あのいとしい乙女の寝乱れた髪を。
玉…「玉」は美称の接頭語。
つらし…うらめしい。
かづかば水ぞひなまし…藻の下になって、藻をかぶったら、その水が乾けばよかったのに。

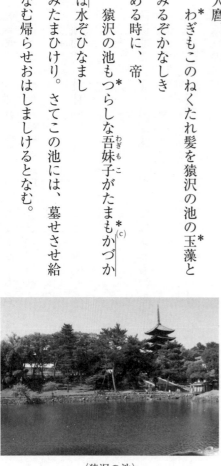

問一　傍線部①～④の口語訳として、ここにふさわしいものを、それぞれ選んで記号で答えなさい。（各3点）

①　ア　立派だ　イ　おめでたい　ウ　つまらない　エ　好ましい

②　ア　つらい　イ　無情だ　ウ　いやだ　エ　困ったことだ

③　ア　さらに　イ　もっと　ウ　やはり　エ　これ以上

④　ア　ひそかに　イ　内緒で　ウ　三十日に　エ　急に

問二　傍線部(A)～(D)の主語を答えなさい。（各3点）

問三　傍線部(b)は、どういうことを「きこしめし」たのか、四十字以内で答えなさい。（6点）

問四　傍線部(a)(c)の「ば」は同じ接続助詞であるが、受けている上位の活用形が相異している。それぞれの「ば」の口語訳の要領を記しなさい。（各4点）

問五　文末の(甲)・(乙)の和歌の中の「係り結び」の形を抜き出して、それぞれどういう関係か、次から選び記号で答えなさい。（完答各6点）

ア　主語・述語の関係　イ　連用修飾の関係

ウ　補助の関係

重要古語

□心憂し　□わびし

□みそかなり　□しろしめす

□奏す　□かづく

問一

①	②	③	④

問二

(A)	(B)	(C)	(D)

問三

問四

(a)	(c)

問五

	(甲)	(乙)
係る文節		
受ける文節		
文法的関係		

28 不思議な反故《ほぐ》

更級日記

時間 20分　得点　点　（　月　日）

富士河といふは、富士の山より落ちたる水なり。*その国の人の出でて語るやう、「*一年《ひととせ》ごろ*物にまかりたりしに、いと暑かりしかば、この水の面《つら》に休みつつ見れば、河上の方《かた》より黄《き》なる物流れ来て、①物につきて止《とど》まりたるを見れは、*反故《ほぐ》なり。とりあげて見れば、黄なる紙に、*丹《に》して、②濃くうるはしく書かれたり。③あやしくて見れば、*来年なるべき国どもを、除目《ぢもく》のごとみな書きて、*この国来年あくべきにも、*守なして、(a)又添へて二人をなしたり。あやし、④あさましと思ひて、とりあげて、乾《ほ》して、(b)をさめたりしを、⑤かへる年の*司召《つかさめし》に、(c)この文に書かれたりし、一つたがはず、*この国の守とありしままなるを、三月《みつき》のうちに(d)なくなりて、又なり代りたるも、このかたはらに書きつけられたりし人なり。(e)かかる事なむありし。来年の司召などは、今年この山に、⑥そこばくの神々集まりて、*ない給ふなりけりと見給へし。めづらかなる事にさぶらふ」と語る。

語注

その国の人…その土地（駿河《するが》）の人。

一年…先年のころ。

物…ある所。よそ。対象を漠然と示す。

反故…物を書いて不要になった紙。

丹…赤土、またこれから採った染料。

来年なるべき国どもを、除目《ぢもく》のごとみな書きて…来年新しく任命されるはずの国々の国司を、朝廷の任官目録のように、みな書いて。

この国来年あくべきにも…この駿河の国も来年は国司の任期がきれて、あきができるはずになっているのに対しても。

守なして…新しい国司を任命して。

司召…「司召の除目」の略。在京の官吏を任命する行事。

この国の守とありしままなるを…「この（駿河の）国の国司」と書いてあった、そのとおりの人が任命されたが。

ない給ふ…「なし給ふ」の音便。

問一　傍線部①～④の意味を記しなさい。（各4点）

問二　傍線部⑤⑥の意味として適当なものを選んで、記号で答えなさい。（各3点）

⑤
ア　先年
イ　去年
ウ　来年
エ　帰京する年

⑥
ア　そこら中の
イ　たくさんの
ウ　散人の
エ　適任の

問三　傍線部ⓐをわかりやすく説明しなさい。（6点）

問四　傍線部ⓑは、なにをどうしたのか、具体的に答えなさい。（6点）

問五　傍線部ⓒ「この文」の内容を示す部分を始めと終わりの五字ずつで答えなさい。（完答6点）

問六　傍線部ⓓは何がなくなったというのか答えなさい。（5点）

問七　傍線部ⓔの文において、係助詞「なむ」がなければ、下の結びの文節はどういう形になるか、記しなさい。（5点）

重要古語
□まかる　□あさまし
□かへる年　□そこばく

問一
①	②	③	④

問二
⑤	⑥

問三

問四

問五
～

問六

問七

29 あやしの猫 ── 更級日記

時間 20分　得点　　点　（　月　日）

〈筆者はある夜、とてもかわいい猫を見つけ、姉と共に飼い始めた。〉

（猫は）いみじう人なれつつ、傍《かたはら》に打臥《うちふ》したり。尋ぬる人やあると、これをかくして飼ふに、すべて*下《げ》すのあたりにもよらず、*つと前にのみにありて、物もきたなげなるはほかざまに顔をむけて食わず。姉おととの中につとまとはれて、をかしが*らうたがる程に、姉の①なやむ事あるに、ものさわがしくて、この猫を*北《きた》面《おもて》にのみあらせてよばねば、かしがましくなきののしれども、なほ、さるにてこそはと思ひてあるに、わづらふ姉おどろきて、

「*いづら、猫は。②こちゐてこ」とあるを、

「など」と問へば、

「夢にこの猫のかたはらに来て、『おのれは侍従の大納言殿の御むすめの、かくなりたるなり。さるべき縁のいささかありて、この中の君のすずろにあはれと思ひいで給へば、ただしばしここにあるを、この頃下すのなかにありて、いみじうわびしきこと』といひていみじう泣くさまは、③あてにをかしげなる人と見えて、うちおどろきたれば、この猫の声にてありつるが、いみじくあはれなるなり」と④語り給ふを聞くに、いみじくあはれなり。⑤その後は、この猫を北面にもいださず、思ひかしづく。

語注

下す…身分の低いもの。ここでは、召使いたちのこと。

つと…ずっと。

らうたがる程に…かわいがるうちに。

北面…身分の低いものの部屋。北向きの部屋であったため。

いづら…どこ。どのあたり。（場所・方向を指す）

重要古語

□なやむ　□わづらふ

□わびし　□あてなり

□あはれなり

問一　傍線部①と同じ意味の語を本文から抜き出し、現代かなづかいに改め、平仮名で書きなさい。（8点）

問二　傍線部②に含まれている動詞二つの終止形を、平仮名で書きなさい。（各6点）

問三　傍線部③の意味として適当なものを、次から選んで記号で答えなさい。（10点）

ア　なんとなくおもしろい人
イ　上品で美しい人
ウ　風情があってかわいらしい人
エ　たいそう興味深い人

問四　傍線部④の主語を文中から抜き出して書きなさい。（10点）

問五　傍線部⑤の理由としてあてはまる、最も適当な一文を文中から抜き出し、最初と最後の三字を書きなさい。（句読点は含まない）（完答10点）

〈菅原孝標女《すがわらのたかすえのむすめ》〉

問一

問二　・

問三

問四

問五　〜

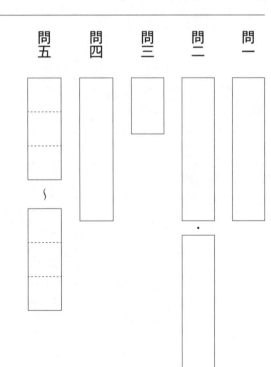

30 淀川を溯《さかのぼ》る ——土佐日記

時間 20分　得点　　点
〔　月　日〕

九日《ここぬか》。①こころもとなさに、②あけぬから、ふねをひきつつのぼれども、*かはのみづなければ、*ゐざりにのみぞゐざる。このあひだに、*わだのとまりのあかれのところといふところあり、よね・いをなど(A)こへば、*おこなひつ。かくてふねひきのぼるに、*なぎさの院といふところをみつつゆく。その院、むかしをおもひやりてみれば、③おもしろかりけるところなり。しりへなるをかには、まつのきどもあり。なかのにはには、むめのはなさけり。ここにひとびとのいはく、「これ、むかし、(B)なだかくきこえたるところなり。*故惟喬《これたか》のみこのおほんともに、*故在原業平《ありわらのなりひら》の中将の、

　よのなかにたえてさくらのさかざらば④はるのこころはのどけからまし

といふうたよめるところなりけり」いま、*けふあるひと、⑤ところににたるうたよめり。

　ちよへたるまつにはあれどいにしへの(C)こゑのさむさはかはらざりけり

また、あるひとのよめる。

　(D)きみこひてよをふるやどのむめのはなむかしのかにぞなほにほひける

といひつつぞ、みやこのちかづくをよろこびつつのぼる。

語注

かは…淀《よど》川。

ゐざりにのみぞゐざる…ぐずぐずしてばかりいる。

わだのとまりのあかれのところ…大阪府摂津市の淀川と神崎川をつなぐ運河の分岐点の北岸といわれる。

おこなひつ…施《ほどこ》してやった。

なぎさの院…大阪府枚方《ひらかた》市渚。文徳天皇の離宮。後に第一皇子惟喬親王の御領。

故惟喬…文徳天皇の第一皇子。皇位を継げず、失意のあまり出家、小野に住まわれた。

故在原業平…平城《へいぜい》天皇皇子阿保《あぼ》親王の第五子。

けふあるひと…今日ここにいる人。

重要古語

□こころもとなさ　□行ふ
□かくて　□おもしろし
□絶えて

問一　傍線部①②③⑤をわかりやすい口語に改めなさい。（各４点）

問二　傍線部④の「はるのこころ」は次のうちのどれにあたるか、記号で答えなさい。（６点）

ア　春の風情　　イ　春のもっている心

ウ　春における人の心　　エ　春の景色

問三　傍線部(A)の主語は明記してないが、述語から推測してどんな人であるか答えなさい。（６点）

問四　傍線部(B)は「有名で評判の」という意味であるが、ここはどういう点が有名であるというのか、簡単に説明しなさい。（８点）

問五　傍線部(C)「こゑのさむさ」とはどういう意味か説明しなさい。（８点）

問六　傍線部(D)の「きみ」とは、具体的には誰のことか答えなさい。（６点）

問一

①	②	③	⑤

問二

問三

問四

問五

問六

本書に関する最新情報は，当社ホームページにある本書の「サポート情報」をご覧ください。（開設していない場合もございます。）

高校 トレーニングノートα 古文

編著者　高校教育研究会
発行者　岡本明剛
印刷所　岩岡印刷株式会社

発行所

株式会社増進堂・受験研究社
〒550-0013
大阪市西区新町２丁目19番15号
電話 (06) 6532-1581㈹
FAX (06) 6532-1588

落丁・乱丁本はお取り替えします。　Printed in Japan　高廣製本

解答編

(高)トレーニングノートα　古文

1　道の日記　(4・5ページ)

出典…『笈《おい》の小文』
俳諧《はいかい》紀行。一冊。松尾芭蕉《まつおばしょう》著、門人河合乙州《かわいおとくに》編。芭蕉の没後、宝永六年(一七〇九)に刊行された。貞享《じょうきょう》四年(一六八七)に江戸《えど》から尾張《おわり》の鳴海《なるみ》を経て、弟子の坪井杜国《つぼいとこく》を訪ね、伊賀《いが》・伊勢《いせ》・吉野《よしの》・奈良《なら》・大坂《おおさか》・須磨《すま》・明石《あかし》をめぐった旅の紀行である。

解答　問一　イ　問二　②ふるい　⑥いう　⑦なお　問三　イ
問四　エ　問五　かしこ(代名詞)　に(助詞)　何(名詞)　と(助詞)
いふ(動詞)　川(名詞)　流れ(動詞)　たり(助動詞)　問六　ウ

解説　問一　「阿仏《あぶつ》の尼」とは阿仏尼《に》のことである。　問二　「はひふへほ」は「わいうえお」に改める。ただし、語頭と助詞は、そのまま。　問三　「情」とはこの場合「旅情」のこと。前の部分にある「道の日記」をふまえて、紀行文を話題にしていることをとらえる。　問四　傍線部より前をふまえる。紀貫之等が旅情を言い尽くしているので、自分などには及ぶものではないと言っている。また、地の文は筆者が主語であることが多い。　問五　最初に名詞・動詞を見つけると分かりやすい。　問六　文の前半で、紀行文にはすばらしいものがすでに三作品あり、それ以外は似たものばかりだ、とある。それでも「かつは話の種となり、風雲の便りとも思ひなして」とあるように、話の種になればと思い、あえて書いた、とある。

通釈　そもそも、紀行文というものは、紀貫之《きのつらゆき》・鴨長明《かものちょうめい》・阿仏尼が、すぐれた文をつづり旅情をすべて述べ尽くして以来、その他の紀行文はみなこれらに趣が似ていて、新しさを出すことはできない。まして(私のような)知恵が浅く才能のない者が書いた文などはとうてい及ぶものではない。「その日は雨が降り、昼から晴れて、どこそこに松の木があり、あそこには何々という川が流れていた」などということは、誰でも容易に書けそうに思われますが、(そんなことを書いてもつまらないものなので)、(あの中国の詩人)黄山谷《こうさんこく》や蘇東坡《そとうば》のような新鮮さや奇警さのある文でなければ書くまでもない。けれども、私は行った先々の風景が心に残り、山の中や野中の宿に泊まった時の苦労も、一方では話の種になり、また自然の風物に親しむ手がかりになるとも思うようにして、忘れられないあちこちのことをまとまりもなく書いて集めましたが、それはやはり酔っぱらった者のざれ言同然で、寝ている人のうわごとのようなものだと見なして、皆さんにはいいかげんに聞き流してほしい。

2　狐の報復　(6・7ページ)

出典…『宇治拾遺物語』(三の二〇)
世俗説話集。十五巻。作者不詳。建保年間(一二一三～一二一九)に成立したかといわれる。本朝(日本)・天竺《てんじく》(インド)・震旦《しんたん》(中国)の説話百九十七編から成り、童話や滑稽談もあるが、『今昔物語集』の系統を引き、仏教的色彩が濃い。

解答　問一

	未然形	連用形	終止形	連体形	已然形	命令形
(a)	で	で	づ	づる	づれ	でよ
(b)	い	い	いる	いる	いれ	いよ
(c)	か	き	く	く	け	け
(d)	せ	せ	す	する	すれ	せよ
(e)	え	え	ゆ	ゆる	ゆれ	えよ

問二　(f)ハ行下二段・連用　(g)ラ行四段・連用　(h)カ行下二段・連用　(i)カ行下二段・連用　(j)サ行変格・終止　問三　弓で射られて、ころりと転ばされた状態。　問四　イ　問五　たかが狐のような畜生のたぐい。　問六　こらしめてはいけないものだ。

解説　問一　古文を読むためには、どうしても「用言の活用」だけは暗記しておく必要がある。たとえば、
花　咲か　ば＝咲かは未然形。　　花　咲け　ば＝咲けは已然形。

2

訳＝モシ花ガ　咲クナラバ　　訳＝花ガ　咲クカラ

のように、同じ形の「ば」でも、その上の活用形で意味がちがってくる。

問二　活用の種類は次のようにして見分ける。

(1) **下一段**ではないか――**蹴る**、一語だけ。
カ変ではないか――**来**《く》、一語だけ。
サ変ではないか――**す**、とその複合語だけ。
ナ変ではないか――**死ぬ・往**《い》**ぬ**、二語だけ。
ラ変ではないか――**あり・をり・はべり・いまそかり**、四語だけ。
上一段は、**射る・鋳**《い》**る・着る・似る・煮**《に》**る・干**《ひ》**る・見る・試みる・居る・用ゐる**、など語が限られているので、覚えておく。

(2) あとに残るのは、四段・上二段・下二段だけであるから、これに「ず」という助動詞を続けてみて、動詞の語尾(未然形)が、
ア段であれば、**四段活用**
イ段であれば、**上二段活用**
エ段であれば、**下二段活用**
ということになる。例えば「咲く」に「ず」を続けると「咲か＋ず」で、動詞の語尾は「か」、即ちア段であるから、四段活用ということになる。

(3) 次に活用形の識別であるが、これは動詞に、
「ず」を続けると　**未然形**　　「て」を続けると　**連用形**
言い切る形が　**終止形**　　「もの」に続けると　**連体形**
「ども」に続けると　**已然形**　　命令する形が　**命令形**
ということになる。　**問三**　「まろばかす」は「まろばす」ともいう。「ころばす」こと。「れ」は受身を表す。　**問四**　いったん姿を消した狐が、ふたたび現れたのを見て、侍は、「火をくはへて走るは、いかなることぞ」と思いながら追ってゆく。ところが意外なことに狐の姿は消えて、侍の目に映ったものは火を持った人間であった。「おや?」と思う気持ちから自然に出たことばであると考える。　**問五**　昔は、狐に限らず、いろいろな動物が人間の生活に密着した縁の深い存在であった。そのため、説話文学の中にもさまざまな形で登場するが、所詮《しょせん》は人間にとって「畜生のたぐい」以外の何者でもなかった。

問六　「調ず」には(1)ととのえる。つくる。(2)祈り伏せる。(3)うちこらす。こらしめる、といった意味がある。ここは(3)の意。「まじ」は「〜すべきでない」という打消推量(ここでは不適当・禁止)の助動詞。

通釈　今となっては昔のことであるが、甲斐の国で、侍であった者が、夕暮れに(仕えている国守の)官邸を出て、わが家の方に向かって行った時に、たまたま途中で狐に会ったのを追いかけて、引目《ひきめ》(矢の一種)で射たところ、狐の腰に当ててしまった。狐は射られて、ころりと転ばされて、鳴き嘆いて、腰を引きずり引きずり草の中に入ってしまった。

この男は(狐を射た)矢を拾いあげて行くうちに、この狐が、腰を引きずって、先にたって行くので、もう一度射ようとすると、いなくなってしまった。わが家があと四、五町ほどだと思われて行くうちに、この狐が二町ほど先にたって、火をくわえて走っていったので、(侍は)「狐が火をくわえて走るわい。どうしたことか」と思って、馬を走らせたが、狐はわが家のそばに走り寄って、人になって、火を家に付けてしまった。(男は)「人が火を付けるのだったな」といって、矢をつがえて、馬を走らせたけれど、人は火をすっかり付けてしまったので、(もとの)狐になって、草の中に走り込んで、いなくなってしまった。そういうことで、わが家は焼けてしまった。こういう畜生のたぐいでも、すぐさま(害を加えた者に)報復するものである。この話を聞いて(みると)、このようなものをば決してこらしめてはいけないものだ。

3　聖《ひじり》の行なひ　(8・9ページ)

出典…『閑居友《かんきょのとも》』(上巻十九)
仏教説話集。二巻(上巻二十一話・下巻十一話)。慶政《けいせい》の著といわれている。承久四年(一二二二)成立。出家・発心などの仏教的説話からなり、下巻は女性の話が主である。

解答　問一　イ　　問二　イ　　問三　エ　　問四　この使〜ける。
問五　ア　　問六　その事〜しくて

解説　**問一**　「つとめて」には「早朝」と「翌朝」の二つの意味がある。文脈によって使い分けること。　**問二**　空欄②の直前に係助詞「こそ」がある。よって、結びは已然形である。「あめり」は、「あるめり」の撥《はつ》音便「あん

めり」の無表記。　**問三**　「かかる」は「このような(様子)」という意味。中間僧の様子をさしている。　**問四**　「かやうに」とは「このように」という意味。中間僧が一晩中行っていることをさす。　**問五**　「侍《はべ》る」をつけてていねいな言い回しにし、報告している。話し手の主に対する敬意を表している。　**問六**　会話文の後には「と言ひけり」がある。また、最初の部分の直前に「尋ぬれば」とある。

通釈　昔、比叡山延暦寺《ひえいざんえんりゃくじ》で、誰それとかいった人のところで、使われていた中間僧がいた。主人の命令にただの一つも背く行いはしなかった。たいへん正直であって、いじらしい者と思われていた。

こうしているうちに、何年か経った後、夕暮れには必ずいなくなって、その翌朝早くに戻って来る(という)ことを繰り返した。主人もたいそう気に入らない事だと思って、「坂本に(遊びに)行っているのであろう」などと思っていた。(僧は)帰って来たときにも、物思いに沈んで、人にはっきりと顔を合わせることもない。いつも涙ぐんでばかり見えたので、「(遊びに)通っている所の(女と離れる)事を満足できずに思って、このように(いつも涙ぐんでばかりいるのだろう)」と、決めつけて主人も(他の)人も思い込んでいた。

ところで、ある時、(僧の後を)人に付けて見に行かせたところ、(僧は)西坂本を下って、蓮台野《れんだいの》に行ったのだった。この使いの者は、「おかしな事だ。どういう事だろうか。」と見たところ、(僧は)あちこち分け入って過ぎて行き、何ともいえず不気味に腐乱した死人のかたわらに座って、目を閉じたり、目を開けたりして、たびたびこのようにしては、声も惜しまず泣くのであった。一晩中このように(声を立てて泣いて)、(午前四時の)鐘が鳴る頃になったので、涙を押しぬぐって帰った。この(後を付けた)使いの者は、思いもよらない事で悲しく思われて、(僧が)思っているであろう(本当の)心の中はわからないけれども、涙をひどく流した。

そうして、(使いの者が)帰ってきた。「どういうことであったか」と(主人が)尋ねると、「そのことでございます。この僧が、奇妙に涙がちでしんみりしていたのは、もっともなことでございます。このようなことがございまして、実はいなくなったのでしょう。すばらしい聖の行いを、むやみに不審な行いと思い込んでけがした罪の深さも逃れがたく、悲しくて」と言った。主人は驚いて、その後は(この僧を)たいそう敬って、決して一般の人と行動を比べることはなかった。

4　樹上の仏　(10・11ページ)

出典…『宇治拾遺物語』(二の一四)　2参照。

解答　**問一**　①ウ　⑥エ　**問二**　②まばたきもしない状態。
③じっと見守っている状態。⑤羽をばたばたさせてあわてている状態。
問三　身動きもできないほど人々が大勢集まっている状況。(24字)
問四　ウ　**問五**　約二時間

解説　**問一**　①は噂《うわさ》を聞いて集まった群集の様子。⑥は右大臣のことを「いみじくかしこき人にておはします」と噂をしたというのである。　**問二**　②の「めをたたく」とはまばたきすることである。③の「まもる」は「目守《まも》る」からきたことば。⑤の「ふためく」は羽をばたばたさせること。にらみすえられて、がまんできなくなって、木の枝から地上に落ちた状態。　**問三**　乗って来た車や馬を止めておくこともできないし、群集の動きを止めることもできない、の意。「〜あへず」は、〜できない、の意。　**問四**　大臣は、この仏をにせ物だろうとは思ったが、何といっても相手は仏である。もしも……という気持ちがあったと考えられる。　**問五**　昔は一日を十二に分け、今の午前〇時をはさんで前後各一時間、併せて約二時間を「子《ね》」の刻とし、そこから二時間ごとに十二支を一つずつ順に当てて、これによって時刻を示した。この一区切りが「ひととき」である。

通釈　昔、醍醐天皇の御代に、五条の天神のあたりに、大きな柿の木で、実のならないのがあった。その木の上に、仏がお現れになった。京中の人々は残らず参った。車や馬も止めておけないほどに、人々もせき止めることができないほどに集まり拝んでわいわい騒いだ。

こうしているうちに五、六日して、右大臣殿が、納得できないとお思いになったので、「本物の仏が末世に現れなさるはずがない。私が行って本物かどうか試してみよう」とお思いになって、束帯をきちんと見事に着て、檳榔の車に乗って、随従者と前駆の者をたくさん引きつれて、そこに集まっている者たちをのけさせて、牛につないである車を外して、車の轅《ながえ》を乗せる台を立てて、(仏が現れるという柿の木の)梢をまたたきもせずわき目もせずにじっと見つめて、約二時間ほどいらっしゃると、この仏は、しばらくの間こそ花も降らせ、光も放《はな》っていらっしゃったが、あまりにも見つめられて、ついにはどうにもならなくなって、(正体を現し)大きなくそとびの羽の折れたのが、地上に落ちてばたばたするのを子供たちがそばに寄ってたたき殺してしまった。大臣は、「やっぱり思ったとおりだ」といってお帰りになった。

それで、当時の人は、この大臣をたいそう賢明な人でいらっしゃると盛んに噂したという。

5 内記入道寂心のこと (12・13ページ)

出典…『発心集』(二の三)

仏教説話集。八巻。鴨長明作。建保四年(一二一六)以前の成立と考えられている。発心談を中心に、遁世《とんせい》・往生・因果・霊験など種々の仏教説話を集めたもの。当時の民間における浄土信仰の様子がよく表れている。

解答 問一 出家して　問二 エ　問三 ウ　問四 泣く
問五 ⓐウ ⓑア ⓒア　問六 (最初)まこと (最後)にこそ

解説 問一 頭は髪のこと。髪をそって出家することを意味する。 問二 「さる心」とは「そのような心」という意味。この場合この時の入道の状態を指す。「いつしか」は「早く」という意味。また、「やは」は反語の意味で用いられている。 問三 傍線部③の直前に注目する。入道が講義を受けたいという気持ちを上人に伝えている。 問四 空欄④の直前に注目する。「前のごとく」とある。前に講義を受けているときの入道の様子を考える。 問五 助動詞「けり」が活用したものが入る ⓐ直後に助詞「ば」がある。そのため已然《いぜん》形が入る。ⓑ・ⓒ文の終わりのため、終止形が入る。 問六 増賀上人の言葉にかぎ括弧をつける。会話文の直後には、「と」や「とて」があることが多い。

通釈 村上天皇の御代に、内記入道寂心という人がいた。宮仕えをしていたときから、仏道(に入ること)を望み願って、ことに触れて情け深かった。(中略) 年をとって後、出家して、(比叡山延暦寺《ひえいざんえんりゃくじ》の)横川に登り、法文を習ったが、増賀上人がまだ横川に住んでおられた頃で、この寂心に教えようとして、「止観の明静であることは、前代未聞である」と読まれると、この入道はひたすら泣いた。上人は「そのような(法文を習い始めて間もない未熟な)心で、このように早く泣いてよいものか(いや、よくない)。ああ、かわいげのない僧の仏道心であることだ」と、こぶしを握って(寂心を)お打ちになると、「殴る私も私だが、泣くお前もお前だ」と言って去ってしまわれた。しばらくして、(寂心は)「このままでよいのでしょうか(いや、よくありません)。この法文の教えをお受け申しあげたい」と言う。(上人は)それならばと思い、お読みになると、(寂心は)前と同じように泣く。また、ひどくしかりつけられているうちに、後の詞を聞かないで終わってしまった。数日たって、(寂心は)なお懲りず、またご機嫌をうかがって、恐る恐る教えをお受け申しあげるが、ただ(それまでと)同じように、ますます泣いた時、上人も涙をこぼして、「ほんとうに深い仏の教えが尊く思われたのであろう」と感心して、静かに(教えを)授けられた。

6 闇に消えた女 (14・15ページ)

出典…『今昔物語集』(二七の八)

説話集。三十一巻。(内八・十八・二十一巻を除いて現存する。)宇治《うじ》大納言源隆国の著といわれるが、未詳。十一世紀末から十二世紀初めごろの成立といわれる。天竺《てんじく》(インド)・震旦《しんたん》(中国)・本朝(日本)の三部に分かれ、一千余の説話を収める。後世の説話文学に大きな影響を与えた。

解答 問一 八月十五夜が満月(＝中秋の名月)であり、その直後の夜であるから
問二 もう話をし終わってこちらに戻ってくるか。　問三 (C)イ (D)エ (E)イ (F)イ　問四 ①なくして ②噉ひてけるなり ③行くまじきなりけり　問五 (a)—(1) (b)—(1) (c)—(2) (d)—(2) (e)—(2)

解説 問一 陰暦は月齢によるもので、新月は月初めから徐々に大きくなり、十五夜で完全な円形になる。そして十六日から徐々に欠け始め、月末には姿を消す。十七夜はまだほぼ円に近い形である。 問二 「や」は疑問を表す助詞で、これによってこの文は疑問文になる。 問三 (C)は松の陰に姿を消したきりで、二人の姿も見えず物を言う声もしないとなると、まっ先にどう思うか。(D)は女が連れて行かれ、「やや久しく」たって行ってみると、ただ女の

足手だけが離れて残っていた。これを聞いて集まった人々の様子を想像してみる。(E)の「む」は表現を婉曲にする助動詞。「〜というような」の意。「知らないような男」と訳す。(F)は見も知らぬ男に、夜呼びとめられて、一人でついて行くという軽率な無警戒心に対する戒めとして、「広量して行くまじき」といっている。したがって、そのうかつさをいったもの。　**問四**　①の「おほよそ」は「ほぼ」「大体において」の意。②の「鬼の」の「の」は主語を示す格助詞で、係っていくのは当然「瞰ひてけるなり」(食ってしまったのだ)という述語である。③の「さやうに」は「呼ばはむをば」に係るとも考えられるかもしれないが、文全体のしめくくりの「行くまじきなりけり」に係るとみるべきである。　**問五**　已然形についている接続助詞「ば」は確定的な条件を表すから、〜ので、〜から、(2)〜すると、〜したところ、と訳してみること。

通釈　今となっては昔のことであるが、小松の帝の御時に、大内裏の武徳殿のそばの松原を、若い女房が三人連れだって内裏の方へ歩いていた。八月十七日の夜のことで、月がたいそう明るい。

すると、松の木の下に男が一人現れた。通り過ぎようとする女の中の一人をひき止めて、松の木の陰で手を取って、何やら話をし始めた。残った二人の女は「すぐに話が済んで戻ってくるか」と思って、立ち止まって待っていたが、しばらくやってこない。話し声も聞こえなかったので、「どういうことか」と変に思って女が二人でそばまで行ってみると、女も男もいなかった。「これは、いったいどこへ行ってしまったのだろうか」と思って、よく見ると、ただ女の足手だけがばらばらに落ちていた。これを見て二人の女はびっくり仰天して走って逃げだし、衛門府の役人の詰所に寄って、詰所にいた者にこのことを告げると、役所の者たちも驚いて、その場所に行って見たところ、およそ死骸《しがい》が散らばっているということはなくて、ただ手と足とだけが残っていた。その時に人々が集まってきて大さわぎになった。「これは鬼が人の形に化《ば》けてこの女を食ってしまったのだ」と人は言い合った。

こういうわけであるから、女はこのように人気のない所で、見知らぬ男に呼びとめられたならば、うっかりして行くようなことがあってはならないことだ。よくよく気をつけるべきことだ、とまあ語り伝えているということだ。

7　毒竜巌消滅　(16・17ページ)

出典…『宇治拾遺物語』(二の三)　**2**参照。

解答　**問一**　乾→西北　東→卯(う)　西→酉(とり)　南→午(うま)　北→子(ね)　**問二**　イ　**問三**　①連体　②連用　③終止　④連用　**問四**　(a)いかに　(b)この岩　(c)人のい　**問五**　静観僧正が毒竜巌に向かって七日七夜祈願したために、巌も散り失せ、全くたたりもなくなったから。

解説　**問一**　古典の中では、方角や時刻を示すのに十二支を配して、その名とした。方角の場合は北方を**子**(ね)と名づけ、以下十二分した方角を東回りに順に**丑**(うし)**寅**(とら)**卯**(う)**辰**(たつ)**巳**(み)**午**(うま)**未**(ひつじ)**申**(さる)**酉**(とり)**戌**(いぬ)**亥**(ゐ)の方角を呼んだのである。(本文の表参照)十二支による方角や時刻の示し方は大切であり、問題としてもよく出ているから、必ず理解し、暗記する。　**問二**　「ぬ」は「完了」の意の助動詞で、「〜た」「〜てしまう」「〜てしまった」などと訳す。ここも「晴れた」「晴れてしまう」「晴れてしまった」などといった訳を選べばよいが、直接的な選択肢がないので、前後の文脈から判断する。　**問三**　②は未然形と連用形が同形であるから、どちらか識別しにくいが、形容詞の未然形「く」(シク活用の場合は「しく」)は、接続助詞「ば」を伴うときにしか用いられない。(例、貴くば、遠くば、など。)したがって、それ以外の「く」(シク活用の場合は「しく」)はすべて連用形である。　**問四**　会話部分は「　」でくくられ、引用を表す格助詞「と」で受けるのが普通である。(副助詞「など」で受けることもある。)したがって、会話部分は「　」が施してない場合でも、「と」「など」を目印として検討すればよい。しかし、どこから会話部分が始まるかについては、そう簡単には判断できない場合もある。

一般的にいって、次の諸点に留意する。

①対人関係を明らかにし、誰が、誰に言っていることばであるか、を考える。

②会話部分の末尾から、文脈を考えながら、順次上へ上へとさかのぼって、意味のまとまりをつかむ。この際、会話部分の始まる前に「いはく」「いふやう」

などのさきぶれがあればよいが、これがない場合、さかのぼり過ぎないように注意する。

③会話部分は地の文に比べて敬語の使用が多く、特に「侍り」「候ふ」などの丁寧語が用いられている。また省略や倒置、係り結びの形もよくみられる。

問五　たたりがなくなったことを、毒竜巌の消滅に結びつけたからである。

通釈　今となっては昔のことであるが、静観僧正は（比叡山の）西塔の千手院というところに住んでいらっしゃった。その所は、南に向かって、大比叡を見守る所であった。その大比叡の西北方のかたわらに、大きな岩がある。その岩の様子は、竜が口を開けているのに似ていた。その岩のすじ向かいに住んでいた僧たちは命がはかなくてたくさん死んだ。しばらくの間は、「どうして死ぬのだろうか」と、わけもわからずにいたが、そのうちに、「この岩があるからだ」という評判が立った。この岩を（人々は）毒竜巌と名づけた。このため、西塔の有様は日増しにただ荒れに荒れてゆくばかりであった。この千手院でも人がたくさん死んだので、住みづらかった。

　この岩を見ると、ほんとうに竜が大きな口を開けているのに似ていた。「世間の人がいうことは、いかにももっともなことだ」と、僧正はお考えになって、この岩の方に向かって、七日七夜加持祈禱をなされたところ、ちょうど七日目の夜中頃に、空がかき曇り、大地が震動することといったらものすごい。大比叡の嶺には黒雲がかかって見えない。しばらくたって、空が晴れた。夜が明けて大比叡を見ると、毒竜巌は砕けて飛び散り、なくなっていた。それから後は、西塔に人が住んだけれども、何のたたりもなかった。

　西塔の僧たちは、この天台座主を、今に至るまで尊び拝んでいると語り伝えている。不思議なことである。

8　近づく楽の音　（18・19ページ）

出典…『今昔物語集』（一五の五〇）　6参照。

解答　問一　(a)もともとから。（以前から。）　(d)長年。　(e)すばらしい。美しい。　問二　(b)なかりけり　(c)積りて　(d)唱へつるに　(f)聞ゆ　(g)なし　(h)現ずる　問三　極楽に生まれたいと心がけて。　問四　①遙かに音楽の音を聞く　②今少し近づきにたり　③年を追ひて近づく　④寝屋の上に聞ゆ　問五　イ

解説　問一　(a)は「いうまでもなく」「もちろん」という意味もあるが、ここはもう一つの意味の方が適切である。(d)は「長年」「数年来」などの意。(e)は、音楽の音色についていっているのだから、「見事な」というより「美しい」「すばらしい」といった方がよい。　問二　「修飾」とは、簡単にいえば、ことばの意味をいっそう詳しく説明することである。(b)は、文の組み立ての上からみると、「常に」は「どうしたか」を詳しく説明する修飾語である。「どうしたか」に該当するのは、「心を懸けて」「念仏を唱へて」のどちらについても「怠ること」が、「常に」「なかりけり」ととるのがよい。(c)は「だんだんと」「次第に」という意味であるから、これに応じる意味をもつ文節は「積りて」しかない。(d)は「長年」という意味で、「長年どうしたか」という設問である。「どうした」に該当するのは「……願ひて、……唱へつるに」であるが、その中心となるのは「唱へつるに」である。(f)の「就中に」は「特に」という意味で、「聞ゆ」に係るとみるのが正しい。(g)の「いよいよ」は「怠る事なし」に係る修飾語であるが、直接には「なし」という述語を修飾する。(h)の「兼ねて」は「前もって」の意で、このあとをみれば「現ずる」以外に続けても筋が通らない。

問四　音についての記述を順に並べてみる。　問三　「極楽に」は「極楽に生まれること」と訳すればよい。　問五　「かなし」は、ここでは「感激する」「感動する」状態をいう。従って最も適当なイが正解になる。

通釈　今となっては昔のことであるが、一人の女がいた。姓は藤原氏《うじ》である。この女はもともとから心が温和で、慈悲深かった。いつも極楽に生まれたいと心がけて、日夜、念仏を唱えて、怠ることがなかった。

　そうしているうちに、次第に年月も積もって老齢になって、女がある人に向かっていうことに、「わたくしは長年の間、極楽に生まれたいと願って、日夜、念仏を唱えつづけてきましたが、今、はるかにすばらしい音楽の音が聞こえてきました。これはわたくしが往生する前兆でしょうか」と。その人はこれを聞き、尊いことだと思っていたが、その翌年、女がまた、「去年聞いた音楽の音が、もう少し近づいてきました。これは私の往生の時が近づいたためでしょうか」と言う。そのまた翌年、「前に聞い

た音楽の音が、年を追って近づいてきます。特に最近は、わたくしの寝室の上で聞こえます。今や往生の時がきました」と言って、いっそう念仏を怠ることがない。やがて女は病気にもかからず苦痛もなく、尊い最期を遂《と》げた。これを見聞きした人は、「この女はきっと極楽に往生した」と言って、感激し尊んだという。
　これを思うと、往生できる人には、前もってその前兆が現れるのだ、とこのように語り伝えているということだ。

9　あわれみ無用　（20・21ページ）

出典…『発心集』（八の一三）5参照。

解答　問一　②不思議に思って。（変に思って・おかしいと思って。）③不本意で。（残念で。）⑧こざかしいこと。（利口げなこと。）　問二　①ア　④イ　⑤ア　⑥ア　⑦イ　⑨ア　問三　捕えられた鯉を買い取る代金とするため。　問四　捕えられた鯉を買い取り、その命を助けたこと。　問五　鯉の命を助けたこと。　問六　（鯉の命を助けて）鯉からお礼を言われるべきであるのに、逆に恨み言をいわれたこと。　問七　魚の身として、この世に生まれたこと。

解説　問一　②の聖は、鯉の命を助けて、功徳を積んだと思っているのに、その夜の夢に現れた翁（鯉の化身）が恨んでいる様子をしているので、聖としては、「変だ」「おかしい」「不思議だ」と思ったのである。③の翁（鯉の化身）は、聖のしたことが、自分の思惑に反していて迷惑だといっているのである。そういう気持ちを表す訳を考える。⑧は聖のしたことに対する翁（鯉の化身）の非難のことばである。聖の行為は自己満足に過ぎず、こざかしい考えだ、といっている。　問二　まず、登場人物をつかむことが大切。本文は聖と翁（鯉の化身）の二人であるから、話の筋さえわかればやさしい。①は生きた鯉が網にかかっているのを見て、「あはれみて」買い取って湖に戻したのは「聖」である。④は聖のしたことが残念で、そのことを「申さむ」として、聖のところへ来たというのであるから、「申す」のは翁（鯉の化身）である。⑤・⑥の聖は、「鯉を助けてたいへんな功徳を積んだのだから、当然お礼を言われるはずであるのに、恨まれるというのは不当だ」といっている。お礼を言うのは翁（鯉の化身）であり、言われるのは聖である。同じく「恨む」のは翁（鯉の化身）であり、恨まれるのは聖である。⑦は翁（鯉の化身）は、賀茂の供祭になったことによって、来世で受けなければならない苦しみをのがれることができると信じているのである。供祭になるのは翁（鯉の化身）である。⑨は鯉の願うところに反して鯉を助け、その現世における苦しみを延ばしたのは聖である。　問三　聖人は「あはれみて」「買ひとり」ったのである。とすれば「代金とするため」ということになる。　問四　第一段落の聖の行為を「功徳」といっている。　問五　この老人のことばを受けた聖のことばの中に「悦びこそいはるべきに……」とあるから、鯉がお礼を言わねばならない「行為」である。　問六　聖人と鯉との相反した考えをつかむ。　問七　「鱗《うろくづ》」は「うろこ」のことで、ここでは「魚類」を指す。「うけて」は「この世に生をうける」の意。

通釈　ある僧が、船に乗って琵琶湖を通り過ぎたとき、（ある人が）網船で大きな鯉を取って持って行ったのが、まだ生きてばたばたしていたのを、かわいそうに思って、自分の着ていた小袖をぬいで、（それを代金として）買い取って放してやった。（その僧は、自分で）たいへんな善業を行ったと思っていると、その夜の夢に、白い狩衣を着た老人がひとり訪ねてきて、たいそう恨んでいる様子であるのを見て、ふしぎに思って、（わけを）たずねたところ、（老人は）「私は、昼間、網にかかって寿命が終わろうとした鯉です。あなたのなさったことが残念でございますので、そのことを申しあげようと思って訪ねたのです」という。僧は、「そなたの言うことは、全く理解できない。私は、お礼をこそ言われるべきであるのに、逆に、恨まれるというのは、見当ちがいのことです」という。老人がいうことに、「そのとおりです。しかし、私はこの世に魚として生をうけて、得脱のできる時期を知りません。（知らないままに）この湖の底で、多くの年を過ごしました。ところが、たまたま賀茂神社のお供え物となり、それを機縁として現世の苦しみから免れようといたしましたのに、（あなたが）こざかしいことをなさって、また畜生でいなければならないという前世の報いを、長引かせてくれたのです」といったと、夢に見たという。

10 行成の忍耐 (22・23ページ)

出典…『十訓抄』(八の一)
説話集。六波羅二臈左衛門《じろうざえもん》入道の著といわれている。建長四年(一二五二)成立。年少者のために、君臣の関係・忠信の徳・驕慢《きょうまん》の戒《いまし》めなど教訓的な事柄を十項目に分けて、『今昔物語集』や『大鏡』などから選んだ説話を、約二百八十話収録している。

解答 問一 (a)だいなごん (b)てんじょうびと (c)うけたまわりて (d)くろうどのとう (e)みちのくに(みちのく) 問二 ①お呼びになる ⑥お取り上げになる 問三 ②いずまいを正して ③乱暴な罰を受ける ④言葉づかいをきちんとして ⑤まがわるくなって逃げてしまった ⑦そのまま 問四 ウ 問五 実方から突然乱暴されたのに行成が落ち着いて、相手がきまりがわるくなるほどきちんと応対した点。 問六 ウ

解説 問一 古典によく出てくる主要な官職名や、諸国の国名の読み方は知っておく。 問二 「召す」は尊敬語で、(1)お呼びになる、(2)お取り寄せになる、(3)召し上がる、などの意がある。①は特にむずかしいことはないが、⑥は(3)から類推して「お取り上げになる」「召し上げる」と訳さねばいけない。 問三 ④の「うるはしく」はただ「うつくしい」というだけでなく「整然としている」「きちんと整っていて美しい」という意味をもっている。 問四 主上から、「いみじき者なり」と思われた行成は、「そのたび蔵人頭空きたりけるに、多くの人を越えてなされにけり」という、格別の褒美を頂いたのである。 問五 「おとなし」には、(1)大人びている・一人前らしい、(2)おもだっている・年配で分別がある、といった意味がある。主上は、小窓から御覧になった行成を「おとなし」と評されたのである。 問六 実方の陸奥行きは「旅」でも「転勤」でもなく、明らかに「左遷」である。それも当時としては重い処分であったといえよう。

通釈 大納言藤原行成卿が、まだ殿上人でいらっしゃった時、実方の中将は、どのような腹立ち(の理由)があったのだろうか、(清涼殿の)殿上の間に参上して(行成卿と)顔を合わせて、一言もいわずに、行成の冠を叩き落として、小庭に投げ捨てた。行成は少しも騒ぎたてることなく、主殿司をお呼びになり、「冠を拾って来なさい」といって、(拾って来させた)冠をかぶり、守刀からこうがいを抜きとって、耳の上の髪を整えて(冠をかぶり)、居ずまいを正して、「どういうことでございましょうか、突然にこれほどの乱暴な罰を受けねばならない理由を思い出せません。そのわけをお聞きして後のことではございませんでしょうか」と、言葉づかいもきちんとおっしゃった。実方はまがわるくなって逃げてしまった。

ちょうどその時、帝が小蔀から(この様子を)御覧になって、「行成は立派な者である。こんなに分別があり、落ち着いた心があろうとは思わなかった」とおっしゃって、そのころ蔵人頭の職が空席であったので、多くの人々をとび越えて(蔵人頭に)任命なされた。(一方)実方に対しては、中将の位をお取り上げになって、「歌枕として有名な地を見て参れ」とおっしゃって、陸奥の国に左遷なされてしまった。(実方は)そのままそこで死んでしまった。実方は、蔵人頭になることができないで終わってしまったことを恨みに思って、その執念が(この世に)とどまって、雀に生まれかわって、殿上の間の台盤にとまって、(その上の)食物を食べたということを人々が言ったということである。一人は耐え忍ぶことができなかったために、(自分の)将来を失ってしまい、(もう)一人は忍耐(の大切さ)を信じることによって、褒美にめぐりあったという実例である。

11 保昌の炯眼《けいがん》 (24・25ページ)

出典…『十訓抄』(三の六) 10参照。

解答 問一 老翁・(愚父)平五大夫・(堅固の)田舎人・致頼・かれ 問二 ウ 問三 イ 問四 ③普通の人物ではない。(並大抵の人ではない。) ⑤失礼な態度をとりましたでしょう。 ⑦どちらか一方が死なないということはない。 問五 保昌と致頼 問六 ⑧一人当千の馬の立てやうなり ⑨とがむべからず

解説 問一 文中に登場する人物の関係を正しくつかむことは、文章を読解する上からいって、もっとも重要なことである。特に、同一人物がいくつも

のちがった呼称で登場する場合は、よく文脈をたどりながら確認していかねばならない。

①　保昌の一行は、よさの山で「白髪の武士」に会った。

②　保昌の郎等が、「この老翁、何ぞ下馬せざる」というが、保昌は、「ただものにあらず。とがむべからず」といって通り過ぎる。

③　保昌の一行は、しばらく行って、この老翁の息子致経に会う。致経は、「さっきあなた方に会った老人は愚父平五大夫であり、堅固の田舎人で、御無礼いたしたことと思う」といって挨拶する。

④　このあと、保昌は郎等に向かって、「あの老翁は、頼信・保昌・維衡・致頼といって、世にも勝れた武士の一人だ。その四人の中の二人（保昌と致頼）が戦えば、そのどちらかが死なずにはすまなかっただろう」と話した。

⑤　保昌がかれ（老翁）の振舞を「ただものにあらず」と見抜いて、事無きを得たのは立派なことであった。

問二　「木の下にうち入りて」は、正面からやってくる相手の一行を避ける気持ちの表れとみてよい。「笠をかたぶけて」は、相手をまともに見ようとする動作ではなく、笠を前に傾けてその下からじっと観察する姿勢である。　**問三**　自分たちの前方を、ただ一騎で行く父が、何事もなく保昌の一行とすれちがって行ったことが、致経に好感をもたせた。致経は「弓取りなほして」保昌に会釈して挨拶したのである。　**問四**　③はいずれは名のある武士であろう、という意味。⑤の「無礼をあらはす」は「無礼な態度を見せる」ということ。⑦はどちらもが死なないですむということはない、というのであるから、一方は必ず死ぬ、という意味。　**問五**　保昌は、「世に勝れたる四人の武士」の中の二人を「両虎」といっている。その一人は自分自身であり、他の一人は致経の父である致頼である。　**問六**　⑧は「一人で千人に当たる力を持つ者ともいうべき立派な馬の立て方をしている」に目をつける。⑨は郎等の、「とがめて下馬させるべきだ」ということばを受けた保昌のことばに目をつける。

通釈　丹後守（藤原）保昌が、任国（の丹後）へと下る時、与謝《よさ》山の付近で白髪の老武者一騎に出会った。（この老武者は、国司の一行を避けて）木の下に駒《こま》を入れて、かぶった笠を傾けて立っていたが、（これを快《こころよ》からず思った）国司の家来がいうことに、「この老人はなぜ下馬しないのか。不届きなことだ。とがめて下馬させるべきだ」という。ここで国司がいうことには、「一騎当千ともいうべき立派な馬の立て方だ。とても並みの武士ではない。とがめだてなどしてはいけない」といっておしとどめ、そのままそこを通り過ぎたところ、三町くらい遠ざかったころで、大矢左衛門尉致経《おおやさえもんのじょうむねつね》が、多数の従者どもをひきつれてくるのに出会った。（致経は）弓を取り直して国司に挨拶し、その時いうことには、「今ここで老人が一人お会い申したことでしょう。あれは拙者の父、平五大夫（致頼《むねより》）でございます。まったくの田舎者で、事情を知らず、きっと御無礼な態度をとりましたでしょう」といった。（こうして）致経が通り過ぎてから、保昌のいうことには、「やっぱり致頼であったわい」といった。この致頼一党というのは、源頼信・藤原保昌・平維衡・平致頼といって、世にぬきんでた四人の武士（の中の一人）である。（昔のことばにも）二匹の虎が闘い合うときは、どちらかが死なないということはないと。今保昌が老武士の振舞を見抜いて、まったく侮ることなく、自分の従者を戒《いまし》めて無事であったのは、（戦って勝っても自ら傷つくようなのに比べて、はるかに優れ）この上もない名誉の処置であった。

12　無欲の尼　（26・27ページ）

出典…『十訓抄』（三の二）　10参照。

解答　**問一**　かんなづき（かみなづき）・神無月　**問二**　(b)すこしも暖かさがあるとは思われない　(c)そのまま　**問三**　ウ　**問四**　(A)ウ　(B)ウ　(C)イ　(D)イ　**問五**　(1)（清水寺の供物を）奉加する所へ持って行って寄進した。(2)かの岸を漕ぎはなれにしあまなればさしてつくべきうらも覚えず　**問六**　あま↓尼　うら↓裏

解説　**問一**　昔は一年間十二ヶ月を別のことばで呼んでいた。これは覚えておきたい。

一月—睦月《むつき》	二月—如月《きさらぎ》	三月—弥生《やよひ》
四月—卯月《うづき》	五月—皐月《さつき》	六月—水無月《みなづき》
七月—文月《ふ(み)づき》	八月—葉月《はづき》	九月—長月《ながつき》
十月—神無月《かんなづき》	十一月—霜月《しもつき》	十二月—師走《しはす》

問二　(b)は、「あたたまりあるとおぼえず」。の文意を、強意の係助詞「こそ」によって強めた形であり、係り結びのきまりによって文末の「ず」は已然形「ね」になっている。これを口語でいえば「暖かさがあるとは思われない」を強めた形にする、ということである。ここで「強める」ためには、「すこしも」「ちっとも」などの副詞によって「思われない」を修飾してやる。(c)は「喜んで受けとって帰るよ」と思ったら、「その足で……」と解するのがよい。

問三　①〜③の「けり」に、すべてア「…ダロウ」（推量）、イ「…ナサル」（尊敬）、ウ「…タ」（過去）、エ「…ショウ」（意志）という訳を当てはめてゆけば、ウしかない。　問四　「見るもの」が尼に向かって、「雨もふらぬに、など蓑をばきたるぞ」と尋ねると、尼は、「これ以外に着るものがない。寒さはきびしいし、どうしようもない」と答える。傍にいる者は、これを聞いて笑う。ここで菓子などを(A)与えたのは「見るもの」である。（笑った者が与えたと考えるより、そう考えるのが自然である。）尼が、もらったものを食べながら立っているのを(B)呼び戻したのも同一人物である。呼び戻して単衣《ひとえ》を与えると、尼はそれを受け取って、(C)帰るのかと思っていると、同じ寺にある奉賀する所に行き、筆を(D)借りて和歌を一首残して単衣を寄進し、立ち去った、という筋であることがわかれば、主語は自然と明らかになる。

問五　(1)は単衣をもらったのは尼である。尼は「やがて同じ寺に奉加する所へゆき」て、「ひとへをおき」て「いづちともなく」かくれたのである。(2)は文中で、尼が心情を述べている箇所は、和歌の一部である。　問六　掛詞とは、一つのことばに二重の意味をもたせるもので、和歌などに多く用いられた修辞の一つである。この設問については「通釈」を参照。

〔通釈〕　形ばかりで、はかばかしくない宮仕えをする女房が、清水寺に参籠していた部屋の前に、顔色の白っぽい尼で、影のようにやせこけているのが現れて、物乞いをして歩くのがいた。十月のころ（というの）に、破れた単衣の汚れているのをたった一つ着て、その上に蓑を重ねて着ていたので、これを見る者が、「まあ、ずいぶんひどい様子だよ。雨も降らないのに、どうして蓑を着ているのかね」とたずねた。（尼は）「これ以外に持っているものはありません。寒さは寒いし、どうしようもなくて」というのを聞いて、「すこしも暖かさがあるとは思われないよ」といって傍にいる者は笑った。（はじめに尼にたずねた者が）菓子などを与えると、それを食べ食べ立っていたが、どう思ったのだろうか、（もう一度）呼び戻して単衣を一着、押し出して与えたのを喜んで受け取って、それで帰って行くかと思っているうちに、そのまま、同じ寺の中にある財物を寄進する所に行って、硯《すずり》を借り、たいそう美しい文字で、次の歌を書いて、（今もらったばかりの）単衣を（供物として）置いて、どちらへとも知れず隠れてしまった。

彼岸に向けて、すでに漕ぎ離れてしまった海女であるから、もう櫓《ろ》を漕ぎ進めても、こちらには漕ぎ着けるべき浦もないことだ。
（世俗間を）離れてしまった尼ですから、むりに（この単衣に）つけるような裏布もないことです。）

13　かくいひて、眺めつつ来る間に　（28・29ページ）

出典…『土佐日記』

『土左日記』とも。日記。一巻。紀貫之作。承平《じょうへい》五年（九三五）成る。承平四年十二月、作者が土佐守の任期を終えて、土佐を出発し、翌年二月京都に到着するまで、五十日余りの間の旅日記。作者が自分自身を女性に仮託して、仮名で記している。文章は簡潔で、わが国で初めての仮名書きの日記で、日記文学の祖といわれる。紀貫之にはこの他、歌人として『古今和歌集』の撰者の一人としての功績もあり、書の名手としても有名である。

〔解答〕　問一　①ウ　⑤イ　問二　（記号）(c)・（正しい形）つれ
問三　エ　問四　③エ　④ア　問五　A―眼　B―鏡　問六　エ

〔解説〕　問一　①は「ゆくりなし」という形容詞、⑤は反語の文である。
問二　傍線部(c)の直前に注目する。係助詞「こそ」がある。よって、已然《いぜん》形となる。　問三　傍線部②を含む会話文に注目する。直後に「ほしき物ぞおはすらむ」とあることから考える。　問四　③傍線部の直前に注目する。直前に楫取《かじと》りの会話文があり、楫取りが「いふに従」って筆者が幣《ぬさ》を投げ入れた。地の文は筆者が主語である場合が多い。　④神様がほしがっている物を、波風をしずめるために海に投げ入れよ、というのである。　問五　傍線部⑥は、眼は二つもあるが、あえて一つしかない鏡を差し上げる、という意味である。よって、鏡の方が大事であるということ。　問六　空欄⑦の直後に注目する。

「神」を導き出す枕詞《まくらことば》は「ちはやぶる」である。

通釈　このように言って、物思いにふけって景色をながめてやって来る間に、思いがけず風が吹いて、漕《こ》いでも漕いでも、船はどんどん後ろに退いて、もう少しで(風が船を)沈めてしまいそうである。船頭が言うことには、「この住吉の明神はいつもの欲ばりの神様ですよ。ほしい物がおありなのでしょう」とは、今風で打算的なことだ。そこで、「幣を差し上げなさってください」と言う。(船頭が)言うことに従って、幣を差し上げる。こうして差し上げたが、まったく風が止むことはなく、ますます(風が)吹いて、ますます(波も)立って、風波が危険なので、船頭がまた言うことには、「幣では(神様の)御心が満足しないので、御船も進まないのです。やはり、(神様が)うれしいとお思いになりそうな物を差し上げなさってください」と言う。また、(船頭が)言うことに従って、「(どうしようか、いや、)どうにも仕方がない」と思って、「(大切な)眼も二つある、たった一つしかない(もっと大切な)鏡を差し上げます」と言って、海に投げ入れてしまったので、残念だ。すると、とたんに、海は鏡の面のように平らになったので、ある人が詠《よ》んだ歌は、

　荒れる海に鏡を投げ入れて、(海がとたんに静かになるのを見ましたが、)一方では、神様の欲ばりな心を鏡に映すようにはっきりと見たことですよ。

(この住吉明神は、和歌の神様だというが)あまり、住江《すみのえ》、忘れ草、岸の姫松などという(優美な歌から想像されるような上品な)神様ではないようだよ。目ではっきりと、鏡によって神の御心を見たことであるなあ。船頭の(欲ばりの)心は、(そのまま)神様の御心であったことだなあ。

14　治承の辻風　(30・31ページ)

出典…『方丈記』

鎌倉初期の随筆。一巻。鴨長明の著。一二一二年(建暦二年)に成る。仏教的無常観を基調として種々の実例をあげ、人生の無常をのべ、ついに隠遁《いんとん》して日野山の方丈の庵《いおり》に閑居するさまを記す。簡潔な和漢混淆《こんこう》文。『徒然草』と共に鎌倉時代の代表的な随筆文学である。

解答　問一　うづき・四月　問二　イ　問三　エ　問四　(b)こわれない家はない。(すべてこわれている。)　(c)辻風が隣家との垣根を吹き破って、境界がわからないようにしている。　問五　なにもかも一切が空中に舞い上がっている状態。　問六　ア

解説　問一は**12**、問二は**7**を参照。　問三　「こもる」は「囲まれている」「包まれている」の意。辻風が「三四町を吹きまくる間」に、それに包まれ巻き込まれて、辻風の圏内にあるという意味。　問四　(b)は二重否定の形である。「破れざる」のあとに「家」を補うとわかりやすい。(c)は「一つになす」は二つの庭の境界を除いて一つの庭とする、の意。　問五　「数を尽して」とは「すべて」「一切」の意。ここでは「家のうちの資材」をさしている。　問六　「や」は反語を表す。反語の訳は、「…であろうか、いや…ではない」。話し手が、肯定あるいは否定の確信を持っていながら、一応疑問の形で相手に問いかける言い方である。

通釈　また、治承《じしょう》四年の四月のころに、(京都の)中御門京極のあたりから大きなつむじ風が起こって、それが六条大路のあたりまで吹きまくるということがありました。

　三、四町の間を吹き荒れる間に、風に巻きこまれてその圏内にあった家々は、大きな家も小さな家も、一つとして壊れないものはない。そっくりぺしゃんこになったものもあり、(吹き飛ばされて)桁や柱だけが残っているものもある。門を吹き飛ばして、四町も五町も先に持って行き、また隣家との垣根を吹き払って境界がわからないようにしている。(家のように大きなものさえこういうさまであるから)まして家の中の家財道具などは、ことごとく空に吹きあげられていて、(屋根を葺《ふ》いてある)桧《ひのき》の皮や薄板のようなものは、まるで冬の木の葉が風に吹き飛ばされて乱れ飛ぶようである。(あたりの)ちりを煙のように(空中に)吹き上げたので、何も見えず、風が鳴りひびくために、人がものをいう声も聞こえない。あの地獄の悪業の風でも、これくらいのものであろうと思われる。家が壊れ損なわれただけでなく、その家を修理している間に、けがをして不具になった人も無数である。このつむじ風は、南々西の方向に移って行って、たくさんの人々を嘆き苦しませた。

　「つむじ風はいつもよく吹くものであるが、今度のようなひどいことがあろうか、(いや決してあるものではない)。これはただごとではない。変事がおこることの、神仏のお告げであろうか」などと人々は不思議に思ったことでした。

15 方丈の閑居 (32・33ページ)

出典…『方丈記』14参照。

解答 問一 ①なりて ②聞けば ③知るべからず 問二 エ
問三 何かの機会 問四 数ならぬたぐひ 問五 全部知りつくすことはできるはずがない。 問六 京都(都《みやこ》) 問七 世俗的な出世を願わず、また名誉や利益のためにあくせくと走りまわることもしない。
問八 イ

解説 問一 三つとも副詞である。副詞は、原則として用言を修飾することである。①は「しだいに」という意味で、すぐ下の「なりて」に係ると考えてよい。もし「ふかく」や「むせり」に係るとすれば、「やや」はすぐその上にあるべきであろう。②は「たまたま」の意で、下に、これに応ずる意味をもつ文節といえば「聞けば」しかない。③「まして」は、その前に軽いものをあげて、「～さえ～なのだからまして」といって次にくる表現を強調する語である。次にある用言(あるいは連文節)といえば「知るべからず」しかない。
問二 筆者は、この地に住みはじめた時は、ほんのしばらくの間と思ったのだが、それがしだいに「ふるさと」になったといっている。とすればエしかない。
問三 「こと」は何かの事。「便《たよ》り」は機会・ついで、の意。 問四 「数ならず」はものの数でない、身分が賤しいの意。「たぐひ」は「連中」「仲間」「ものども」などの意。本文中では「やむごとなき人」に対比してでてくる。
問五 普通の順序に並べると、「これを尽くして知るべからず」となる。
問六 作者長明は京都(都)の人であり、いろいろな事情があって、大原山の奥に隠遁し、やがて日野山に庵を結び、ついにそこに住みついてしまった人である。作者の心の中には、たえず京都のことがあり、ことごとに京都を比較の対象としている。ここもそうである。 問七 すぐ前に「身を知り、世を知れれば」とある。すなわち「(とるに足りない)自分の身のほどを知っており、また世の中(がいかにはかないものであるか)を知っているから」とあるところから推定する。 問八 俗世間を捨てた筆者は、この日野の山に入って、はじめて自分の生き方に満足を覚えたのである。

通釈 だいたい、この(日野山の)方丈の庵に住みはじめた時は、ほんのしばらく(住もう)と思ったのであったけれども、現在、もうすでに五年の歳月がたってしまった。仮りの庵も次第に住みなれた所になって、軒には腐った葉が深くつもり、(庵の)土台にはこけが生えている。たまたま何かの機会に都の様子を聞くと、この日野山にひきこもって以来、身分の貴い人でお亡くなりになった方もたくさんあるということである。まして、ものの数でもない(賤しい身分の)人々(の死んだ数)は(どれくらいあるのか)すべてこれを知ることはできないほど(多いこと)であろう。たびたびの火災で焼け失せた家は、またどれくらいであろうか。(京の都ではこうして災難が度重なるが)ただこの仮りの庵だけは、のんびりと静かで、何の恐れもない。この庵の広さは狭いといっても、夜寝るところもあり、昼間座る場所もある。わが身一つが暮らすのに何の不足もない。やどかりは小さい貝殻を好んで(その中に住んで)いる。これは身のほどを知っているからである。みさご(という鳥)は、(人も寄りつけないような)荒波の打ち寄せる磯に住んでいる。これは、とりもなおさず人間を恐れるためである。私もまたこの(やどかりやみさごの)ように(俗世間をさけて)住んでいる。それは、自分の(とるに足らぬ)身のほどを知り、またこの世の中(のはかなさ)を知っているからで、もう(これ以上の、世俗上の出世も)願わないし、(これ以上名誉や利益のために)あくせくと走りまわるようなこともしない。ただ(自分の身が)静かであることを望みとし、心配のないことを楽しみとしているのである。

16 虫は (34・35ページ)

出典…『枕草子』(四三段)
作者は清少納言。成立は平安時代の中期ごろといわれている。内容を大別すると、物づくしの段・随想的な段・日記的な段の三つに類別することができ、約三〇〇段から成る。随筆文学としてはわが国最古のものであるとともに、宮廷女流文学の代表作でもある。明るい機知を含んだ「をかし」の精神をもとに、宮廷生活における自然や人事を、独特の批評と美的観察を通して描いたすぐれた作品である。

解答　問一　14　問二　をかし　問三　みのむし　問四　(b)(みのむしの)親　(c)(みのむしの)親　問五　秋になったということ
問六　ウ　問七　①イ　②エ　③エ

解説　問一　順に、もれなく数えてゆけばよい。すずむし・ひぐらし・てふ・松虫・きりぎりす・はたおり・われから・ひをむし・蛍(ほたる)・みのむし・ぬかづき虫・はへ・夏虫・蟻である。　問二　作者が頭に浮かんだ「興味ぶかい虫」の名を順次並べて、「これらの虫」は「おもしろいと思う」といっているのである。これらの虫は特に人の心の奥深くしみじみとした感動を与えるというものではない。ただみのむしとぬかずき虫については「あはれなり」と感じ、そのわけを述べている。　問三　「みのむし」は「鬼の生みたりければ、親に似て」「これもおそろしき心あらん」という文脈であるから、「これ」は「みのむし」である。　問四　みのむしの親が「いま秋風吹かむをりにぞ来んとする。まてよ」といって「逃げて」いったのであるから、(b)(c)とも主語は「みのむしの親」ということになる。　問五　みのむしの親が、「秋風吹かむをりぞ来むとする」と約束したから、その時になったことを、風の音で知ったというのである。「八月」は中秋である。　問六　求められているのは、まず「憎いものの中に入れるのが当然と思われるほどかわいげのない虫」でなければならない。これに該当するのは**ウ**・**エ**であろう。次に「秋などに、何にでもとまり、顔などに濡《ぬ》れ足でとまったり」する虫である。そうなると**ウ**しかないことになる。　問七　①は「これもおそろしき心あらん」といって、わが子を捨てて逃げるような親が着せるものであるから、粗末なものにきまっている。②は親が、帰ってくると約束したのを、「ちちよ、ちちよ」と鳴いて待つみの虫の心は**エ**がよい。③は「はえ」という虫がすでに憎い以上、これが人の名についているのに好感が持てないのは当然である。

通釈　虫では、松虫。ひぐらし。ちょう。鈴虫。こおろぎ。きりぎりす。われから。ひをむし。蛍(がおもしろい)。

　みのむしは、たいそうかわいそうだ。(この虫は)鬼が生んだので、親に似て、この子も恐ろしい心をもっているだろうと思って、親が、粗末な着物を着させて、「もうすぐ秋風が吹く季節がくるだろう、そのころ帰ってこよう。(それまで)待っているのだよ」と言い残して逃げていったのも知らず、やがて吹きはじめた秋風の音を聞いて秋になったことを知り、八月(中秋)ごろになると、「ちちよ、ちちよ」とたよりなさそうに鳴くが、それはとてもかわいそうだ。

　ぬかづき虫もまたしんみりとした感じである。あのような(小さな虫の)心ながらも仏道修行の心を起こして、ぬかづいて歩きまわっているのであろうよ。思いがけなく、暗い所などで、ほとほとと音をたてながら歩いているのはおもしろい。

　はえこそは、ぜひ憎いものの中に入れるべきで、かわいげのないものである。一人前に扱って、(人の)相手などとすべきほどの大きさではないけれども、秋など、ただもうあらゆるものにとまり、人の顔などには濡れた足でとまったりなどするよ。(この蝿という字が)人の名についているのは、まったくいやな感じである。

　夏虫はたいそうおもしろいし、かわいらしい様子である。灯火をそばに引き寄せて、物語など見ているときに、その本の上などを飛んであるくのは、たいそうおもしろい。

　蟻はたいそう憎らしいけれども、軽さがとても軽くて、水の上などを、ただもうどんどん歩いてまわるのがおもしろい。

17　かたはらいたきもの　(36・37ページ)

出典…『枕草子』(九六段)　16参照。

解答　問一　自分が対談(＝会って話を)している来客に聞かれるから。
問二　自分が大切に思っている愛人や夫。　問三　のとおりに
問四　ちご　問五　イ　問六　上手だとは思えない自作の和歌
問七　別人

解説　問一　来客と対談しているとき、家族の者が奥の方で、他人のよくない噂《うわさ》などすれば、それが客人の耳に入るかも知れない。止めさせたいと思うのは当然である。　問二　酒に酔うと、同じことを何度でも言ったり、したりする癖の人がいる。それが自分の愛する人であれば、自分はともかく、他人がどう思うかと思うと、やはり「かたはらいたく」感じるだろう。　問三　「ままに」は名詞「まま」に格助詞「に」のついた形で、よく出る連語である。(1)…にまかせて。…にしたがって。…につれて。(2)…するやいなや。…すると同時に。(3)…のとおりに。(4)…ので。…から、など。　問四　「……ちごを

……うつくしみ、かなしがり、これが声のままに……」という文脈を理解すればよい。　**問五**　「才ある人」の前で挙げるのであるから、おそらく「人の名」というのは歴史上の人物名であろう。いくらそういう人の名を挙げたからといっても、どうせ中味が乏しいから虚勢にしかみえないだろう。　**問六**　「よし」は「上手だ」の意。「おぼゆ」は自発の意をもつ動詞で、「思われる」。「歌」は和歌のこと。（参考＝「詩」といえば漢詩のこと。）　**問七**　自作の和歌について、「乙がこの歌をほめた」ということを甲に話す、ということ。したがって甲と乙とは別人である。

通釈　わきから見ていて気がかりなものは、よくもその音を弾きこなさない琴を、よく調律もしないで、いい気になって弾き鳴らしているの。客人などに会って話をしているときに、奥の方でくつろいだ、無遠慮なことを人が言っているのを、とめることもできずに聞いている気持ち。愛する男がひどく酒に酔って、同じことをくり返しているの。（そばにいて）聞いているのを知らずに、人の噂《うわさ》をしているの。それはどれ程の人でなくても――召使などのことでも、いたたまれない思いがする。外泊した先で下賤な者たちがふざけ合っているの。見た目に憎らしい幼児を、自分だけの感じでいとしいと思うにまかせて、いつくしんだり、かわいがったりし、その幼児の声のとおりにいったことなど話しているの。学識のある人の前で、学識のない人が物知り顔に、（昔の）人の名などを言っているの。とりわけうまいとも思われない自作の和歌を他人に披露して、人がこの歌を褒めたりなどしたことをいうのも聞きづらい。

18　わが身にうときこと　（38・39ページ）

出典…『徒然草』（八〇段）

随筆集。吉田兼好著。正中元年（一三二四）～元弘元年（一三三一）の間に成立したといわれる。二四三段から成り、自然や人生について豊かな学識で自由に記したものである。文体には擬古文、和漢混淆《こんこう》文などを、題材に応じて駆使し、古来名文として、『枕草子』と並んで随筆文学の双璧《そうへき》と称される。

解答　**問一**　仏法・連歌・管絃　**問二**　①かんだちめ（かんだちべ）　②てんじょうびと　③じんりん　④きんじゅう　**問三**　戦いというものは、運がよければ勝つものであって、勝った者が必ずしも強いとはいいきれず、勇者であるとは限らないという考え方。　**問四**　イ　**問五**　武　**問六**　武術を本職とする家。（武の家）

解説　**問一**　「夷」は荒々しい武士、即ち戦場で刀や槍《やり》をもって戦う者のことで、その限りではまったく精神的文化に縁遠いものである。　**問二**　①は「かんだちべ」とも読むが、通常「かんだちめ」と読む。②は「でんじょうびと」と誤りやすい。①②とも古文の中によく出るので、大学入試にも頻繁に出題されている。③④は現代でも用いられる。

問三　(b)のようにいった根拠は直後の「その故は、運に乗じて敵を砕く時……」に示されている。　**問四**　二重否定で「～ないものは～ない」という形で強い肯定を表す。ここは「勇者でないと評する人はいない」、即ち誰もが皆「勇者である」と評するというのである。　**問五**　直前の「武に誇るべからず」を受けて、「（これは）人倫に遠く鳥や獣に近い振舞だ」といっている。

問六　武は「人倫に遠く外れ、鳥獣に近い行為」であるから、「その家の者でなければ、好んでも益はない。」と読みとればよい。

通釈　だれでも、自分に縁遠い事ばかり好んでいる。（例えば）法師は武術を本職のようにし、荒武者は弓の引き方も知らないで、仏法を知っているような顔をし、連歌をしたり、音楽の道に精を出しあっている。けれども、（そういう専門外の世界では）おろそかにしている自分の専門の道においてよりも、やっぱり人から見くだされるにちがいない。

（このことは）法師だけに限らず、上達部や殿上人、それより身分の高い人々まで、一般に武術を好む人が多い。しかし、百度戦って百度勝っても、まだまだ武勇に勝れた人だという名声を確立することはできない。そのわけは、よい運にめぐまれて敵を砕く時、（その人を）勇者でないという人は誰もいない。武器が尽き、矢が無くなって、なお最後まで敵に降伏せず、いさぎよく恐れず死んで、初めて武勇の名声を（世に）あらわすことができる道である。生きている間は、（自分の）武勇について誇ることはできない。（武というものは）人間に遠く、鳥獣に近い振舞で、それを本職とする家門の人でなければ、好んでも無益なことである。

19 望月のまどかなる事は （40・41ページ）

出典…『徒然草』（二四一） 18参照。

解答 問一 満月 問二 すぐに欠けてしまう 問三 イ 問四 a・d 問五 イ 問六 ウ

解説 問一 「望月《もちづき》」は「満月」の別名である。 問二 「やがて」はここでは「すぐに」という意味。「ぬ」は完了の助動詞。 問三 傍線部③より前に注目する。病気が話題であることに着目する。 問四 aの「ん」・dの「め」は、推量の助動詞「む」である。bは現在推量の助動詞「らむ」の已然《いぜん》形である。cは動詞「あり」の未然形＋打消の助詞「ず」である。 問五 本文後半部分に注目する。「所願心に来たらば、妄心迷乱すと知りて」とある。つまり、願望は心を乱すものだから、「万事を放下して道に向かふ」べきだと述べている。 問六 アは「奥の細道」、イは「更級日記」、エは「方丈記」の冒頭である。

通釈 満月のまん丸なことは、わずかの間もそのまま(の状態で)とどまっていないで、すぐに欠けてしまう。気をつけて見ない人には、一晩のうちに、それほどまで変わる様子も見えないのであろうか。病気の重くなることも、そのままの状態にとどまっている間もなくて、死ぬ時がまさに近づいている。けれども、病気がまださし迫っておらず、死に向かわないうちは、この世の中はいつも変わらず、人はいつまでも平穏に生活していけるという考え方に慣れ、生きているうちに多くのことを成しとげてから、落ちついて仏道修行をしようと思っているので、病気にかかって、死への入り口を目前にする時、願いは一つも成就しておらず、今さら何といっても仕方なくて、長い年月怠けていたことを後悔し、「今度、もし病気が治り生きながらえることができたならば、昼夜をおかずに、この事やあの事を、怠けずに必ず成しとげよう」と、願いを立てるようであるが、そのままかかった病気がますます重症になれば、正気を失い、取り乱して死んでしまう。世の中はこのような人ばかりであろう。この事実を、何はともあれ、世の人たちは今すぐ心にとどめておかなくてはならない。

自分の願いごとを成しとげてから、ひまがあって仏道修行の道に向かおうとするならば、願いごとはなくなるはずがない。幻のようなはかない人間の一生の中で、どんなことを成そうとするのか。全て願いごとはみな正しくない考えである。願いごとが心に生じたら、迷いの心が自分の本心を迷わせ乱すのだと自覚し、その一つの願いごとも成してはならない。すぐにあらゆることを投げ捨てて仏道修業の道に向かう時、(心に)何の障害もなく、無用な行為もなくて、身も心もいつまでも安らかなのである。

20 重盛の機転 （42・43ページ）

出典…『平家物語』（巻四）

戦記物語で十二巻から成る。異本が多い。『源平盛衰記』もその一つといわれる。作者は未詳であるが信濃前司行長《しなののぜんじゆきなが》が記し、生仏《しょうぶつ》という盲目の琵琶《びわ》法師に教えて語らせたという説が有力である。成立は鎌倉時代前期かといわれる。内容は、平氏を中心に源平二氏の闘争とこれに伴うエピソードを記す。前半六巻は平家一門の隆昌栄華、後半六巻はその没落を写している。文体は簡潔で力強い和漢混淆《こんこう》文、思想的には仏教的無常観に貫かれた物語である。

解答 問一 ①ウ ②ウ ④エ 問二 ③いただいて(頂戴して) ⑤いただけ(頂戴せよ) ⑥いただき(頂戴し) 問三 (a)重盛・大臣(おとど) (b)仲綱 問四 エ 問五 重盛が仲綱に。渡した蛇を平静に処理し(て、中宮や女房たちを驚かさずにすませ)たから。 問六 蛇を袖に入れてふるまう点。 問七 重盛→仲綱→競の滝口

解説 問一 ①は「さしぬきばかま」の略。衣冠・直衣・狩衣《かりぎぬ》などを着たとき着用する。②は中古以後、天皇・摂家・大臣など高貴な人が平服とした。勅許があれば、これを着て参内もできた。これを着用するときは冠または烏帽子をつけ、指貫を着用する。「のうし」と発音する。④は「殿上の間」の略。清涼殿の南廂《ひさし》にある殿上人の詰所《つめしょ》。「殿上人」を略していうこともある。「殿上人」は、五位・六位の人で清涼殿に昇殿することを許された人をいう。 問二 「たまはる」は謙譲の動詞で、目上の人・高貴な人から「ものをもらう」意。中世以後、「与える」「授ける」の尊敬語としての用法を生じた。 問三 (a)は蛇を袖に入れ、仲綱にその処理を命じ(重盛)、翌日褒美として馬を贈った(小松殿)のは同一人物である。また、「昨日のふるまひは(蛇を持ち、袖に入れ

て舞う）還城楽に似ていました」と、伊豆守が申した相手（大臣《おとど》）も同一人物である。(b)は「伊豆守、……『仲綱』と名のって……」とあるから、伊豆守と仲綱も同一人物である。　**問四**　かしらを振るというのは、相手の命令を拒否する意志の表れである。　**問五**　重盛の、「女房たちもさわぎ、中宮も驚《おどろ》かせ給ひなんず」という心遣いに沿って、仲綱が適切な処置をとってくれたからである。　**問六**　重盛が蛇を袖に入れてふるまった点は文面であきらかであるが、「還城楽」は「語注」に記してある。　**問七**　仲綱が初め渡そうとした小舎人は拒絶して逃げているから、誤らないこと。

通釈　ある時、小松殿が参内なさったついでに、（妹である）中宮のお部屋へお行きになったが、その時、八尺くらいの蛇が、大臣の指貫袴の左の輪《りん》をはいまわっていたのを、自分が騒いだら女房たちも騒ぎ、中宮もお驚きになるにちがいないと思われ、左の手で蛇の尾を押さえ、右の手で頭をつかみ、直衣の袖の中に引き入れ、少しも騒がず、ついと立って、「蔵人はいるか、いるか」とお召しになったので、伊豆守は当時はまだ衛府の蔵人でいらっしゃったが、「仲綱」と名のって参上されたので、（その仲綱に）この蛇をお渡しになる。（仲綱は）それを頂戴《ちょうだい》して、弓場殿を通って殿上の小庭に出てゆき、蔵人所の小舎人を召して、「これを頂戴せよ」と言われたところ、小舎人は大きく頭をふって逃げて行ってしまった。しかたがないので、自分の家来である滝口の武士の競を呼んで、これをお渡しになる。（競は）これを頂戴して捨ててしまった。その翌朝、小松殿は、立派な馬に鞍をつけて、伊豆守の所へお贈りになる時、「さてさて昨日のふるまいはまったく優雅であった。これは乗り心地一番の馬ですぞ。夜になって、詰所を退出して、美人の所へ通われるような時、お使いなさい」といって、馬をお贈りになる。伊豆守は大臣への御返事であるから、「お馬を畏って頂戴いたしました。（それにしても）昨日の大臣のふるまいは、（蛇を袖に入れて舞う）還城楽に似ておりましたよ」と申された。

21　老　馬（44・45ページ）

出典…『平家物語』（巻九）20参照。

解答　**問一**　①おんぞうし　④きさらぎ　**問二**　うづめ・マ行四段活用・已然形　老い・ヤ行上二段活用・連用形　しる・ラ行四段活用・連体形　**問三**　〈係る文節〉深山へこそ　〈結びの文節〉入り給へ　**問四**　(a)義重法師　(b)鶯　**問五**　(c)（地上に積った雪よりも、当然先に消えるはずの松の木の枝の）雪さえまだ消えないで　(d)日が暮れてしまったので　**問六**　A―ウ　B―イ

解説　**問一**　①は「御曹子」に同じ。歴史的かなづかいでは「おんざうし」と書いた。④は十二ヶ月の異称は記憶しておきたい。　**問二**　「うづめ」は接続助詞「ども」に続いているから已然形である。ただ注意しなければならないのは、「うづむ」が古くは四段にも活用して用いられたことである。同じ例は「分《わ》く」「恐る」「忘る」など数語ある。「老い」は「存在・継続」の助動詞「たり」に続いているから連用形である。この動詞は終止形が「老ゆ」でヤ行に活用することを忘れてはならない。ヤ行上二段活用の動詞は、この他に「悔《く》ゆ」「報《むく》ゆ」の二語があるだけである。「知る」は、助動詞「ず」を付けて未然形「ら」をみつけだす。「ら」はア段であるから四段活用ということがわかる。（動詞の活用の種類は九種であり、そのうち未然形がア段になるのは、四段以外ではナ変・ラ変しかない。ナ変は「死ぬ」「往《い》ぬ」二語しかなく、ラ変は「有り」「居《を》り」「侍り」「いまそかり」の四語である。）なお「知る」は上に係助詞「ぞ」があるから連体形である。　**問三**　この部分を文節に区切ると、いまだ　知らぬ　深山へこそ　入り給へ　となり、係助詞「こそ」を伴う文節は「深山へこそ」であり、これをうけて已然形となっているのは「入り給へ」である。　**問四**　(a)は「やさしうも申したるものかな」という義経の評価は、別府小太郎に対するものではなく、その父義重法師に対するものである。それゆえ義経（御曹司）は、同じ内容のことを次に「雪は野山を……」と加えて賛意を表すのである。(b)は鶯が梅の花を求めてやってきて、霞に迷うと解する。　**問五**　(c)の「だに」は軽いものをあげて重いものを推測させる意の副助詞である。「で」は打消してそこでいったん切るという働きの接続助詞。「〜ないで」と訳す。(d)の「ぬれ」は完了の助動詞「ぬ」の已然形。「ば」は已然形に付いて、理由や原因を表す接続助詞。

通釈　また、武藤国住人別府《べっぷ》小太郎といって、今年十八才になる小冠者が（義経

の前に）進み出て申したことには、「父でありました義重法師が（私に）教えましたのは、『敵に襲われたにもせよ、山越えの狩りをしたにもせよ、山奥で道に迷ったような時には、老馬に手綱をかけて追いたてて行け。必ず道に出るぞ』と教えました」御曹司は、「立派にも申したことだよ、雪は野原をまっ白に埋めるけれども、年をとった馬は道を知るという例がある」といって、白葦毛の年とった馬に鏡鞍を置いて、白く磨いた轡《くつわ》をかませ、手綱をそれに結んでかけ、先に追い立てて、まだ知らない山奥におはいりになる。

季節は二月の初めの事なので、峰の雪がまばらに消えて、それが白く花が咲いているのかと見える所もある。谷の鶯が訪れて鳴き、霞に迷う所もある。登れば白雲が白く光り輝く山がそびえ、下れば青葉の茂った山が険しく高い崖をなしている。まだ松の梢《こずえ》の雪さえ消えずに残り、苔におおわれた細道がかすかについている。嵐に吹かれて雪が舞い散る時には、それが梅の花かとも疑われる。東に西にと馬に鞭《むち》をあて、足を早めて行くうちに、山道で日も暮れてしまったので、みな馬からおり、そこにとどまって陣を構える。

22 こまつぶり　（46・47ページ）

出典…『大鏡』（伊尹《これただ》）

歴史物語。流布本八巻。作者も成立年代も未詳であるが、平安時代後期の万寿二年（一〇二五）以後に成立したということはいえる。内容は、文徳《もんとく》天皇の嘉祥《かしょう》三年（八五〇）から後一条天皇の万寿二年（一〇二五）まで十四代百七十六年間の歴史を描いた仮名文の物語である。雲林院の菩提《ぼだい》講に参った二人の老人（大宅《おおやけの》世継《よつぎ》と夏山繁樹《なつやまのしげき》）が自分たちの見聞したことだといって、そこに集まっている人々に話を聞かせ、一人の若侍がそれに質問したり批判したりする形式で話が進められる。

物語の中心は道長の栄華であるが、『栄華物語』が道長への賛美に終始しているのに対し、これは賛美と批判の両面からとらえているという特色がある。いわゆる四鏡（大鏡・今鏡・水鏡・増鏡）の最初の作品であり、文学的にもすぐれている。

解答　問一　こま　〈根拠〉1　「こまつぶり」にむらごの紐《ひも》をつけてさしあげた。2　回して遊ぶおもちゃである。3　南殿のうちをくるくると回りながらあるいた。　問二　変なかっこうだなあ。（奇妙なかっこうだなあ。）　問三　①行成大納言　②行成大納言　③帝　④帝　問四　⑤行成大納言（を低め）帝（が高められた）　⑥行成大納言（を低められることによって）帝（が高められた）　問五　行成大納言は才知のすぐれた人で、ちょっとしたことでも人の心をつかむようなことを考えついた人物。（50字）

解説　問一　こまは紐を巻きつけて、その紐の残ったところを持ったまま、こまだけを前に投げ出すようにして回すものである。　問二　「あやしのさまや」に一種の感動を表すために「ものの」を挿入したもの。「あやし」には(1)奇妙だ。不思議だ。変だ。(2)あやしい。疑わしい。奇怪だ。(3)けしからぬ。不都合だ、などいろいろの意味があるが、ここは(1)である。　問三　①はこの話をしている話し手が、自分より目上の行成大納言を尊敬している。②も同様である。③は、話し手が、自分より目上である帝を尊敬している。④も同様である。　問四　⑤は行成大納言が目上の帝に与えるという動作を低めることによって、受け手である帝を間接的に高めている。⑥の場合も同じ考え方をすればよい。　問五　冒頭にも「少しいたらぬ事にも……御根性にて」とあり、それを実証する例話をあげている。

通釈　（行成大納言は）少々不得手なことにも、御才知が深くていらっしゃり、巧みにやってのけられる御性質で、（例えば）帝が御幼少でいらっしゃって、人々に、「おもちゃをもって参れ」と仰せられたので、皆いろいろと、金・銀などで工夫をこらして、何とかして（帝の）お気に召すようなおもしろい物を作り上げたいものと、意匠を凝らして、皆持って参ったのであるが、その時この行成卿《きょう》は、こまにむらごのひもを添えて差し上げなさったところ、（帝は）「変な形だなあ。これは何か」とお尋ねあそばされたので、（行成は）「これこれと申します。回して御覧あそばしませ。おもしろい物でございます」と申されましたから、帝は紫宸殿《ししんでん》にお出ましになり、お回しなさいますと、（こまは）この広い殿内を余さずくるくると回って歩いたので、たいへんおもしろがりなさいまして、このこまばかりをいつも御覧になってお遊びになりました（。それ）故、他のおもちゃは皆しまいこまれてしまいました。

23 道真流罪（48・49ページ）

出典…『大鏡』（時平）22参照。

解答 問一 左大臣（が）右大臣（に比べて）劣っていた。 問二 右大臣が自分よりも帝の信頼が厚いことを。（20字） 問三 大宰権帥として筑紫に左遷された。 問四 別々の土地（ちがった所） 問五 父の右大臣 問六 筑紫 問七 菅原道真 問八 三（句切れ）・なってしまった

解説 問一 「劣りたまへる」の主語は「左大臣」である。次に「右大臣の御おぼえことのほか」であったため、左大臣は「安からず」お思いになった、とあるから、右大臣に比べて、ということになる。 問二 自分（左大臣）より低い右大臣の方が、自分より帝の信頼が厚かったのだから、左大臣の胸中は穏やかではなかったであろう。 問三 道真の左遷が時平の讒言《ざんげん》によることはあまりにも有名である。道真は延喜元年、かの地で死去した。 問四 「かたがた」には名詞と副詞の場合がある。傍線部④は名詞であり、あとに見えるのは副詞である。 問五 「小さきはあへなむ」と「おほやけも許さしめたまひし」ため、一緒に行くことになったのである。 問六 道真に同行するとなれば、行く先は当然筑紫である。 問七 この歌の作者は道真であり、これから筑紫へ行くことになっていることがわかれば、「あるじ」が誰であるか明らかである。 問八 「なりはてぬ」の「ぬ」は完了の助動詞の終止形で、歌はここで一たん切れる。

通釈 左大臣（時平）は御年も若く、学才も格段に劣っていらっしゃるために、（自然と）右大臣の方に、帝の御寵愛も格別でおありでしたので、左大臣は（それを）心外なことにお思いになっていらっしゃいましたうちに、そうなるべき御運命でおありでしたのでしょうか、右大臣の御身にとってよくないこと（左大臣時平の讒言《ざんげん》を指す）が生じまして、昌泰四年正月二十五日、大宰権帥に任じ申して、（道真公は筑紫《つくし》に）お流されになりました。この道真公にはお子さまがたくさんいらっしゃいましたが、姫君方はそれぞれ聟どりをなさり、男君たちは、みなそれぞれに御年や御器量に応じて官位をおもちでいらっしゃいましたが、それもみな別々の所にお流されになって、悲しいことでありますので、まだ幼くていらっしゃる男君や女君たちは、（京にお残されになることになり父君を）お慕い申して、泣き悲しんでいらっしゃいましたから、「幼い子はさしつかえなかろう」と、帝もお許しになりましたので、（幼い方々は）一緒にお連れになって筑紫へお下りになったことでした。（この度の）帝の御処置は、実に苛酷《かこく》でいらっしゃいましたから、（他所へお流しになった）男君たちの方は、父君と同じ方面へさえおやりにならなかったのであります。道真公は、（京にお残りになる女君たち、それぞれ別の方面へお流されになる男君たち、それらをお思いになるにつけ）あれやこれやとひどく悲しさやる方なくお思いなされ、（折から咲き出た）御庭前の梅の花をご覧になりまして、

こち吹かばにほひおこせよ梅の花あるじなしとて春をわするな

（また来る春にも、東風《こち》が吹くころとなったら花を開いて、その風に託してお前の香を、かの筑紫へ送り届けてくれ。梅の花よ、主人がいないからといって、春を忘れて花を開かずにいてはならぬぞ。）

また、亭子の帝（宇多天皇）に次の歌を申し上げなさいました。

流れゆくわれはみくづとはてぬとも君しがらみとなりてとどめよ

（流されようとしているわが身は、藻屑《もくず》のようなはかない運命となってしまいました。どうか我が君、あの水屑《みくず》をせきとめる柵《しがらみ》となって、私の身をお引きとめ下さいませ。）

24 芥川（50・51ページ）

出典…『伊勢物語』（六段）

歌物語。一巻。作者は明らかでないが、内容からみて在原業平に関係の深い人であろうといわれる。十世紀初頭に成立した。和歌を中心とした百二十五の短い話は、業平と見られる主人公の一代記のようにまとめられている。別名『在五の物語』『在中将』『在五中将日記』ともいう。

解答 問一 居り 問二 夜もふけにければ 問三 イ 問四 ウ 問五 ⑤女 ⑥男 問六 ウ

解説 問一 「あばらなる蔵に女をばおし入れて」という部分（連文節）は「居り」につづいて、さらに大きな部分になり、「鬼あるところとも知らで」と

いう部分（連文節）はこれに係ってゆく。すなわち、「知らで」の係ってゆくのは「居り」である。　問二　「神さへ」とは「その上雷までが」の意で、その前の部分を見ると、「夜がふけた」という状況しか添加されるものはない。
問三　せっかく愛する女を盗み出して来たのであるから、どんなに雷や雨風がはげしくても、大切に保護しなければならない。　問四　「はや」は「早く」「もう」の意である。「なむ」には未然形に付くものと連用形に付くものとがある。未然形に付いた「なむ」は誂《あつら》えの終助詞で、「…てほしいものだ」という意味であり、連用形に付いた「なむ」は「な」が完了、「む」が推量の助動詞で、二つ連ねて「…てしまうだろう」「…にちがいない」の意味になる。今、この切迫した場面で、「はやく夜が明けてほしいものだ」と、「もう夜も明けてしまうだろう」とどちらが適した訳であろうか。　問五　「あなや」は「あれっ」という悲鳴で、男の耳には聞こえなかったのである。夜が明けてみると女はいなかったというのである。　問六　古来「露」は「はかないもの」のたとえとして、しばしば用いられてきた。ここも女が草葉に置いた露をみて、「あれは何ですか」とたずねたときに「（はかない）露ですよ」といって、「その露のように消えてしまえばよかった」と詠んでいるのである。

通釈　昔、男がいた。自分のものにすることができそうにもないある女を、何年も求婚しつづけてきたが、やっとのことで盗み出して、たいそう暗い夜に逃げてきた。芥川という川のほとりを、女を連れて行ったところ、女は草の上に置いていた露を見て、「あの光るものは何ですか」と男にたずねた。男はこれから先もまだまだ遠く、夜もふけてしまったので、鬼の住むところとも知らず、雷までがひどく鳴り、雨もはげしく降ってきたので、（途中にあった）荒れ果てた倉に、女を奥の方に押し入れて、男は弓・胡籙《やなぐい》を負って戸口にいて守っていた。「早く夜も明けてほしいものだ」と思いながらすわって待っていた間に、鬼がすばやく女を一口に食ってしまった。「あれっ」と女は悲鳴をあげたけれども、雷のやかましい音にかき消されて、男の耳にはいらなかった。次第に夜も明けてゆき、ふと見るとつれてきた女もいない。地だんだを踏んでくやしがって泣くけれどいまさらしかたがない。

白玉かなにぞと人の問ひし時露と答へて消えなましものを

（白玉かしら、何かしらと愛《いと》しい人がたずねたとき、あれは露なのだよといって、露のように私の身も消えてしまったらよかったのに。）

25　命をかけた恋　（52・53ページ）

出典…『伊勢物語』（四〇段）　24参照。

解答　問一　若い男（息子）に、この女を愛する心がおこる。
問二　この若い男は、まだ親がかりの身（親に面倒をみてもらっている身）だったので、　問三　若き男　問四　④身分が賤しい　⑩やっと
問五　わかきをとこ　問六　（男は）女を引きとめようがない。
問七　⑦午後六時ごろ（日没のころ）　⑨午後八時ごろ　問八　翌日
問九　(a)サ行変格活用・終止形　(b)ワ行上一段活用・連用形　(c)ナ行変格活用・終止形　問十　（自分の思いがかなわないときは、悲しみのあまり）息が絶えるほどの一途な恋ができる点を、（「さるすける物思ひをなんしける」といって）ほめている。

解説　問一　「思ひ」は名詞。「女を愛する心」。「もぞ」は係助詞「も」と「ぞ」の重なった形で、「…するかも知れない（もしそうなると困る）」という危惧・心配の気持ちを表す。「自分の息子に、この（召使いの）女を愛する心がおこるかもしれない」と思うのである。　問二　「人の子」は「親が生活をみている息子」ということで、親に頭が上がらないのである。　問三　文脈は「人の子なれば→心いきほひなかりければ→とどむるいきほひなし」と続くわけで、すべて「この若き男」について述べたものである。　問四　④の「いやし」には、(1)身分が低い。下賤だ。(2)下品だ。粗野だ。(3)心がきたない。卑劣だ、などの意があるが、ここは(1)以外は考えにくい。⑩の「からうじて」は「からくして」の音便形。「やっと」の意で、現在でも使われている。
問五　自分の息子の「思ひはいやまさりにまさる」様子を見かねたから、ついに「女をおひうつ」という手段に及んだのである。　問六　男は「血の涙を流す」ほどつらいけれども、「女を家に引きとめる手段がない」というのである。　問七　⑦は昔は時刻を十二支で表したが、特に夕ぐれ時、太陽の沈む頃を「入相《いりあい》」といった。　問八　昔は「翌」の意を「又の」という言い方で表した。「またの夜」「またの年」など。　問十　「さるすける物思ひをなんし

ける」の部分に着目してまとめればよい。

通釈　昔、若い男が、ちょっと人目を引く（召使いの）女を愛した。（この男には）利口ぶる親があって、（わが子に、）この女を思う心が生じるかも知れぬ、（それでは困る）と思って、この女を他所へ追い出そうとする。そうは思っても、まだ追い出してはいない。男はまだ親の世話になっている身なので、自分から進んで思いどおりにふるまう気力もなかったので、（わが家に）女をとどめておく勇気もない。女も身分が低い者で、親に対抗する力がない。そうしているうちに、女への愛情はいよいよ燃え上がる。突然親がこの女を追い出した。男は血の涙を流して悲しんだが、女を引きとめようもない。（親に頼まれた）人が女を連れて家を出た。男は涙ながらに歌を詠んだ。

　出でていなば誰か別れの難からんありしにまさる今日《けふ》はかなしも

（女の方から進んで家を）出て行くのなら、誰がこんなに別れづらいと思うだろうか（誰も別れづらいとは思わないだろう）。無理に連れ去られるのだから、今日は今までのつらい思いよりもいっそう悲しくつらいことだなあ。

と詠んで、気を失ってしまった。親はあわててしまった。なんといってもわが子のことを思うからこそ（女と別れるように）いったのだ。まったくこれほどでもあるまいと思ったところ、ほんとうに息も絶えるばかりになってしまったので、あわてて願を立てた。今日の日暮れ時に気絶して、翌日の午後八時ごろにやっと息をふきかえしたのである。昔の若者は、こんな一途《いちず》な恋をしたものだ。今どきのご老人（のような若者）にはどうしてこのような恋愛ができるだろうか。

26　玉くしげ　（54・55ページ）

出典…『大和物語』（四段）

歌物語。二巻。作者は未詳。原形が成立したのは天暦五・六年（九五一～二）ごろで、現存の形に増補されたのは九八〇年代に入ってからといわれる。約三百首の歌を中心に百七十三編の短編を収めてあるが、そのうち約百三十段は当代の実在人物の贈答歌による実話。四十段ほどが歌に結びついた説話伝説で、『伊勢物語』の系統をひくが、全編に一貫した筋はなく、後半の部分はのちの『今昔物語集』などの説話文学へ移ってゆく傾向がみられる。

解答　**問一**　人が好古に都から下ってきた人がいるということを
問二　自分が加階されたかどうかということ　**問三**　ウ
問四　(A)知りたく　(B)次から次と書いていって　**問五**　(1)好古が一月の加階のとき、四位に昇れなかったことを、(2)今度あなたに会う時も、あなたは（五位が着用する）朱《あけ》の色の袍を着たままでいようとは思わなかった、という表現で。　**問六**　かぎりなくかなしくてなむ泣きける。

解説　**問一**　主語は人、「むつきの加階たまはりの事」を好古は「いとゆかしう」思ったけれども、そういう情報をもっている「京よりくだる人」がいるといううわさも耳に入れてくれない、というのである。　**問二**　前文によると、好古が最も気にしているのは、自分に加階があったかどうかということである。京から、たまたま下った人の情報は、「四位になりたり」、あるいは「さもあらず」と、まちまちである。　**問三**　京から来た「文」で、開いて見る「文」、しかも日付がある「文」といえば「手紙」しかないであろう。
問四　(A)の「ゆかし」は(1)見たい。聞きたい。知りたい。(2)慕わしい。なつかしい、などの意。(B)の「〜もて」は連用形に付いて接続助詞のような働きをし、その動作が継続して行われることを示す。　**問五**　当時の制度で五位は束帯の上衣（袍《ほう》）の色を緋色《ひいろ》と定められていた。したがって「あけ（朱・緋）ながら」ということは「五位のまま」ということを意味する。　**問六**　傍線部④以下で、好古の気持ちを記してあるのはここだけである。

通釈　大宰府の次官であった小野好古は、純友の乱のとき、追討使に任命されて、（右近衛の）少将兼任で（西に）下《くだ》った。朝廷にもお仕え申しあげ、四位にもなるはずの年にあたっていたので、正月の位階昇進のことが、たいそう知りたく思われたけれども、京から下って来たという人がいるということもほとんど耳に入らない。（たまたまそういう人がいて）その中のある人にたずねると、「四位になった」ともいう。ある人は、「そのような話もない」ともいう。たしかなことを、どうにかして聞きたいものだと思っている時に、京からたよりがあって、近江守公忠《おうみのかみきんただ》の君の手紙を持ってきた。（その内容が）たいそう知りたく、うれしくて、あけてみると、いろいろなことをあれこれと書いていって、月日などを書いて、その最後に、このように（書いてあった）、

たまくしげふたとせあはぬ君が身をあけながらやはあらんと思ひし
（二年の間あわないでいるあなたを、まだ五位の緋の袍のお姿のままで会うことになろうとは、思いませんでした。）

これを見て、好古はこの上なく悲しくて泣いた。公忠は、好古が四位にならなかったという事情を、手紙には書かないで、ただこのように歌に詠んで真意をほのめかしたのであった。

27 采女《うねべ》哀歌（56・57ページ）

出典…『大和物語』（一五〇段）26参照。

解答 問一 ①ア ②ア ③ウ ④ア 問二 (A)采女 (B)采女 (C)采女 (D)帝 問三 一人の采女が、お慕いする帝の愛を得られないのを悲しんで、猿沢の池に投身したこと。 問四 (a)～ので・～から (c)もし～ならば 問五 (甲)みるぞ→かなしき・ア (乙)水ぞ→ひなまし・ア

解説 問一 ①の「めでたし」には(1)すばらしい。すぐれている。見事だ。立派だ。(2)美しい。うるわしい。きれいでかわいい、などの意味がある。本文では「帝をかぎりなくめでたきものになむ思ひたてまつりける」とあるから、(2)ではない。②は「帝召してけり」に続いて「さて後またも召さざりければ」と、采女にとって悲しむべき帝の対応が原因となって、采女は「かぎりなく心憂し」と思うのである。「心うし」には(1)心につらく思われる。心苦しい。情けない。(2)いやだ。気にくわない。不愉快だ、などの意味がある。采女が入水自殺するのであるから、このうえなく心につらく思われる、という訳がよい。③「なほ」には、(1)やはり。何といっても。それでも。(2)依然として。もとのとおり。あいかわらず。(3)さらに。ますます。いっそう。もっと、などの意味がある。「なほ」の係ってゆくのは「世に経まじき」即ち「もうこれ以上生きてゆくことはできないだろう」という意味である。すると「やはり」を採るのがよい。④の「みそかに」は「ひそかに」の和語で、意味は「ひそかに」「こっそり」。 問二 (A)は帝がお召しくださらないので、采女は「心うし」と思ったのである。(B)は「帝が目に映る」という采女の立場を、「たてまつる」で低めた表現で、主語は「采女」。(C)は「生きてゆけそうにない」という気持ちになっているのは、采女である。(D)は歌をよむのは人々であり、「およませになる」のは帝である。 問三 「帝召してけり」から「猿沢の池に身を投げてけり」までを要約すればよい。 問四 「未然形＋ば」という形は、文法上「仮定順接条件」を表し、「已然形＋ば」という形は「確定順接条件」を表す。本問題でいえば(a)は「けり」の已然形に「ば」が付いているから「確定順接条件」であり、(c)は未然形に「ば」が付いているから、「仮定順接条件」である。 問五 係助詞の付いた文節は(1)主語・述語の関係、(2)連用修飾の関係、(3)補助の関係、この三つの関係のいずれかで、受ける文節に係ってゆく。(甲)は「見るのが」が主語、「悲しい」が述語、(乙)は「水が」が主語、「ひなまし」が述語ということになる。

通釈 昔、奈良の帝にお仕え申しあげる采女がいた。容姿がたいそうきれいで、人々が言い寄り、また殿上人なども言い寄ったが、なびかなかった。そのなびかぬわけは、帝をこの上もなくご立派なお方とお慕い申しあげていたからであった。（あるとき）帝がお召しになった。そしてその後は、二度とお召しがなかったので、（采女は）この上なくつらいことに思った。夜も昼も（帝のことが）気にかかって、お忘れになるときもなくつらく思っていらっしゃった。帝は采女を一度はお召しになったが、その後は、とりたてて采女に心をおとめにもならない。そうはいうものの、やはり采女はいつも（帝に）お目にかかっている。そしてやはりこれ以上生きてゆくことはできそうにもないという気がしたので、夜ひそかに、猿沢の池に身を投げてしまった。このように身を投げてしまったということも、帝はご存じになることがおできにならなかったが、ことのついでがあって、ある人が（帝に）お話し申しあげたので、お聞きになった。たいそうひどくかわいそうにお思いになって、池のほとりに行幸あそばされて、人々に歌をお詠ませになった。柿本人麿が、

わぎもこのねくたれ髪を猿沢の池の玉藻《たまも》とみるぞかなしき
（いとしいあの乙女の寝乱れ髪を、猿沢の池の藻と見るのは悲しいことです。）

と詠んだときに、帝が、

猿沢の池もつらしな吾妹子がたまもかづかば水ぞひなまし
（猿沢の池も恨めしいことだよ。あのいとしい乙女が、池に沈んで、藻の下になったら、水が乾いてしまえばよかったのに。）

とお詠みになった。さてこの池のほとりに墓をおつくらせになって、お帰りあそばし

たということである。

28 不思議な反故《ほぐ》（58・59ページ）

出典…『更級日記』（富士川）
日記。菅原孝標《たかすえ》の女《むすめ》（母は藤原倫寧《ともやす》の女で母の姉は『蜻蛉《かげろう》日記』の作者の）著。康平三年（一〇六〇）ごろ成立。寛仁五年、物語に憧れた十三才の少女時代から、夫俊通と死別した五十一歳まで四十年間の追憶を記したもの。文章は平明で、浪漫性の濃い魂の記録である。

解答　問一　①何かに引っかかって　②きちんと美しく　③不思議に思って　④あきれたことだ　問二　⑤ウ　⑥イ　問三　（新しい国司を任命し、）さらにもう一人、別の人が書き添えて任命してある。　問四　上流から流れてきた反故を乾かしてしまっておいた。　問五　来年なるべ～なしたり。　問六　はじめに国司に任命された人が三月のうちに亡くなったこと。　問七　ありき

解説　問一　①の「物」とは川辺の杭とか石とかを指す。「黄なる物流れ来て」それにひっかかった、というのである。②の「うるはし」という語は、ただ「美しい」というだけでなく、「きちんとしている」「整っている」というニュアンスがある。③の意味はいろいろあるが、「黄なる紙に、丹して、濃くうるはしく書かれ」たものが、川辺の物にひっかかっているのを見て、不思議に思った、ととればよい。④は流れてきた紙に書いてあったのは、来年空席になる予定の国々の国司に任命されるはずの人の名が書いてあるのだから、「あきれたこと」と思うのが当然である。　問二　⑤の「かへる」にはもとのところに戻るという意味がある。年が改まることを「年かへる」ともいった。⑥は数の多いことを表す名詞。　問三　国司は大体任期が四年で交替した。いくつかの国を交替させるので、毎年いくつかの国司の席が空くことになる。この黄色の紙には、来年国司の席が空く国と、そこに新しく任命される人の名が書いてあった。駿河の国だけは二人の名が書いてあり、変だと思ったが、先に国司となった人が亡くなり、添え書きされていた人が後任となった、というのである。他の国々と駿河の国と混同しないように注意すること。　問四　「とりあげて、乾して」というのであるから、反故のことについてである。　問五　文書の内容は「あやしくて見れば」の次から始まって、「又添へて二人をなしたり」で終わる。次の「あやし、あさましと思ひて……」は話す人の、文書の内容に対する心情である。　問六　すぐあとに、「又なり代りたるも」とある。　問七　文は原則として終止形で終止する。この文は、文中に係助詞「なむ」があるために、過去の助動詞「き」が連体形「し」になっている。

通釈　富士川というのは、富士山から流れてくる川である。その国の人が出てきて話すには、「先年のこと、よそに参りましたところ、たいへん暑かったので、この川べりで休みながら眺めていますと、川上の方から黄色なものが流れてきて、何かにひっかかって止まったのを見ると、それは反故でした。拾い上げて見ると、黄色い紙に、朱色で濃くきちんと文字が書いてある。不思議に思って読んでみると、来年国司の新任されるはずの国々のことが、ちょうど除目の任官目録のようにみな書いてあって、この駿河の国も来年交替予定であるところにも、新任の国司があててあり、（ここには）また一名を書き添えて、二名を任命してあります。変なことだ、あきれたことだなと思って、それを拾って乾かし、しまっておきましたところ、翌年の司召（国司の任命式）の時には、この紙に書かれていたことが、一つも間違いなく（適中し）、この国（駿河の国）の守とあった、そのとおりの人が任命されたが、その人は三か月のうちに亡くなってまた次に任命された人も、その傍に書き添えられていた人でした。こんな（不思議な）ことがありました。来年の司召などは、（そうしてみると）今年この富士山に、たくさんの神々が集まって任命するらしいと思ったことでした。ほんとうに珍しいことです」と語った。

29 あやしの猫（60・61ページ）

出典＝『更級日記』（あやしの猫）28参照。

解答　問一　わずらう　問二　ゐる・く　問三　イ　問四　姉
問五　おのれ～るなり

解説 **問一** 「わづらふ」「なやむ」ともに「病気で苦しむ」という意味である。 **問二** 「ゐ」はワ行上一段活用連用形、「こ」はカ行変格活用命令形である。 **問三** 形容動詞「あてに」の終止形は「あてなり」。「上品だ」という意味である。 **問四** 傍線部④より前に注目する。夢で見たことを語っているのは姉である。 **問五** 姉が夢で見た内容を語っている部分に注目する。筆者が見つけた猫が、どのような猫だったから、身分の低い者の部屋に出さなかったのかを考える。「この頃下すのなかにありて、いみじうわびしこと」を含む一文は、あくまでも猫が「大納言の御むすめ」という理由がもとになって派生したことである。

通釈 (猫は)たいそう人なつっこく、そばに(来て)横になった。(猫を)捜しに来る人がいるかもしれないと、この猫を隠して飼っていると、身分の低い者のあたりにはまったく寄りつかず、ずっと(私たちの)前にばかりいて、食べ物もきたならしいものはそっぽを向いて食べない。(私たち)姉と妹の間にずっとまとわりついていて、おもしろがりかわいがるうちに、姉が病気になることがあったので、(家の中が)とりこんでいて、この猫を(身分の低い者のいる)北向きの部屋にばかりいさせて近くに呼ばなかったところ、やかましく鳴き騒いでいたけれども、やはり、飼い主のそばでないとあのように鳴くものだろうと思ってそのままにしていると、病気の姉が目を覚まして、「猫は、どこにいるの。ここに連れて来て」と言うので、「どうして」と尋ねると、「夢の中でこの猫がそばにやって来て、『自分は侍従の大納言の姫君が、このように(生まれ変わって猫に)なったのです。こうなるべき(前世からの)因縁が少々あって、こちらの妹君(作者のこと)が(自分のことを)しきりになつかしんで思い出して下さるので、ほんのしばらくの間ここにいるのですが、この頃は身分の低い者の中にいて、たいそうつらいことです』と言ってひどく泣く様子は、上品で美しい人と思われて、はっとして目を覚ますと、この猫の声であったのが、とてもしみじみと胸を打たれることです」とお話しになるのを聞くと、(私も)ひどく胸を打たれる。それから後は、この猫を(身分の低いものの部屋がある)北面に出すこともせず、大切に世話をする。

30 淀川を遡《さかのぼ》る (62・63ページ)

出典＝『土佐日記』 13参照。

解答 **問一** ①じれったげに ②まだ夜の明けないうちから ③いかにも趣深い所である ⑤場所がらにふさわしい歌 **問二** ウ **問三** 乞食 **問四** 在原業平が、「世の中に絶えて桜の……」と歌をよんだ所として有名である。 **問五** 松風のつめたく澄んだ響き。 **問六** 惟喬親王

解説 **問一** ①の「こころもとなし」には、⑴じれったい。心がいらだつ。⑵気がかりだ。おぼつかなくて心配だ。⑶はっきりわからない。ほのかである、などの意味があるが、ここは「五十余日の苦しい船旅で心身ともに疲労した一行の心理」を思うと、⑴が正解。②の「ぬ」は打消。下に「時」を補って、直訳すると「まだ夜が明けないときから」ということになる。「から」は起点を示す格助詞。③の「おもしろし」は、前にも出た語であるが、「趣深い」の意。⑤の「にたる」は、合っている、ふさわしい。 **問二** 「～ば～まし」は、反実仮想の表現で、「この世にもし仮に桜の花が咲かないとすれば」春になっても、雨や風に人の心を痛めることはない。心が安らかであろう、と想像しているのである。 **問三** 人の集まる船着場などには、物もらい、乞食の類いも、船客をあてにして集まってくるのであろう。 **問四** 「これ、昔、名高く聞えたる所なり」という抽象的な文に続いて、「故惟喬の親王の御供に……といふ歌よめる所なり」と、具体的な内容を述べている。 **問五** 「声」は松風の響き。「寒さ」はつめたく澄んでいること。 **問六** 「君恋ひて世をふる」のは、渚の院の年を経た梅の花であり、恋しく思われているのは、この院の主、即ち惟喬親王である。

通釈 (今日は二月)九日である。じれったさに、まだ夜の明けないうちから、船を曳《ひ》き曳《ひ》き上るけれども、川の水がないので、ぐずぐずしてばかりいる。そうしているうちに、和田の泊りの分かれという所がある。米や魚などをほしがるので、施してやった。こうして船を曳いて上ってゆくうちに、渚の院という所をながめながら進

んでゆく。その院は、昔をしのびながら眺めると、いかにも趣の深い所である。（院の）うしろにある丘には数本の松の木がある。中庭には梅の花が咲いている。そこで人々がいうことには、「これは昔、有名であった所だ。」「故惟喬親王のお供をして来て、故在原業平の中将が、

世の中に絶えて桜の咲かざらば春の心はのどけからまし

（もし仮に、この世の中に全く桜の花が咲かなかったとしたら、花を散らす風や雨に心を痛めることもないから、春の人の心は、どんなにのんびりしていることであろうか。）

という歌をよんだ所なのだ。」今、現にここにいる人が、この場所にふさわしい歌をよんだ。

千代経《へ》たる松にはあれど古への声の寒さは変らざりけり

（千年も経《た》った松ではあるが、昔の松風のつめたく澄みきった響きは、今も変わらないものだなあ。）

また、ある人がよんだのは、

君恋ひて世を経る宅《やど》の梅の花昔の香にぞなほ匂ひける

（昔の主人を恋い慕って年を経てきたこの院の梅の花は、昔のままの香に咲き匂っていることだなあ。）

といいながら、都の近づくのを喜びながら、（淀川を）上ってゆく。